JN212003

知っておきたい

管理職のための
労務管理

社会保険労務士法人大野事務所
深田俊彦

労務行政

はしがき

「本診断において制度の違法性や不適切性が顕在化したことで、それに対する是正・改善を行ったとしても、『運用面での適法性』は継続的な課題となります。」

　これは、筆者が所属する社会保険労務士法人大野事務所の労務診断（労務デューデリジェンス）業務の最終報告において、必ずお伝えしていることです。

　労務管理において特に重要度の高いテーマとしては、「労働時間管理」と「ハラスメント防止対策」が挙げられます。労働時間管理はさらに「賃金の適正な支払い」と「健康管理（過労死等の防止）」の二つの観点に大別できますが、いずれのテーマについても"継続的な取り組み"そして"地道な取り組み"が必要です。

　それらの取り組みは、一朝一夕になし得るものではないばかりか、ゴールすらないものだといえます。労働環境の整備に対する社会の意識の高まりなどを背景とした近年の法改正も相まって、企業としては一層の緊張感を持ち続けなければならない状況に置かれています。しかし、これらは人に関する問題でもあり、とりわけ健康に関わることへの対応は避けて通ることができません。労務リスクと向き合いながら安心・安全な職場環境を整えていくことは、企業の持続的な成長にとっても必要不可欠です。

　システム化によってある程度カバーできる部分があり得るにしても、管理職が労働契約における部下との関係性の中で、高い意識を持って目を配ることで回避できる問題は少なくないと考えられます。こうした日頃の取り組みに即効性のある方法はなく、愚直に対応するしかありません。これは、どのようなステージにある企業においても同様です。

本書は、管理職ならびに管理職候補の方々が押さえておくべき職場での労務管理に焦点を当て、知っておくべき基本的な知識と実務上のポイントを分かりやすくまとめることに注力しました。現場での組織運営やマネジメントに際し、適切な対応を行うための一助となれば幸甚です。

　最後に、本書を執筆するに当たっての、一般財団法人労務行政研究所の編集部の皆さまによるご支援、また同研究所の皆さまのご協力に深く感謝申し上げます。

2025年1月

社会保険労務士法人大野事務所

特定社会保険労務士

パートナー社員　深田　俊彦

もくじ

※本書は、2025年1月1日現在の法令等に基づき解説しています。

法令等の略称および正式名称

略　　称	正　式　名　称
安衛法	労働安全衛生法
安衛則	労働安全衛生規則
育介法／育介	育児休業、介護休業等育児又は家族介護を行う労働者の福祉に関する法律
LGBT理解促進法	性的指向及びジェンダーアイデンティティの多様性に関する国民の理解の増進に関する法律
均等法／均等	雇用の分野における男女の均等な機会及び待遇の確保等に関する法律
均等則	雇用の分野における男女の均等な機会及び待遇の確保等に関する法律施行規則
健保	健康保険法
厚年	厚生年金保険法
高年法	高年齢者等の雇用の安定等に関する法律
個人情報保護法	個人情報の保護に関する法律
個紛法	個別労働関係紛争の解決の促進に関する法律
雇保	雇用保険法
最賃法	最低賃金法
障害者雇用促進法	障害者の雇用の促進等に関する法律
職安法	職業安定法
女性活躍推進法	女性の職業生活における活躍の推進に関する法律
賃確法	賃金の支払の確保等に関する法律
入管法	出入国管理及び難民認定法
パート・有期法	短時間労働者及び有期雇用労働者の雇用管理の改善等に関する法律
働き方改革関連法	働き方改革を推進するための関係法律の整備に関する法律
労基法／労基	労働基準法
労基則	労働基準法施行規則
労契法	労働契約法
労災保険法	労働者災害補償保険法
労組法	労働組合法
労働施策総合推進法	労働施策の総合的な推進並びに労働者の雇用の安定及び職業生活の充実等に関する法律
労働者派遣法	労働者派遣事業の適正な運営の確保及び派遣労働者の保護等に関する法律

告示・解釈例規（通達）

労告	労働大臣が発する告示
厚労告	厚生労働大臣が発する告示
発基	厚生労働省労働基準局関係の事務次官名通達
基発	厚生労働省労働基準局長名通達
基収	厚生労働省労働基準局長が疑義に答えて発する通達
基安発	厚生労働省労働基準局安全衛生部長名通達
雇均発	厚生労働省雇用環境・均等局長名通達
個情	個人情報保護委員会事務局長名通達

Part 1

労働法令と
労務管理

1 労働者と使用者との関係

▶ 社員として雇われるということは、法的には労働者（社員）と使用者（会社）との合意によって労働契約が成立することを意味する
▶ 労働契約が成立したことによって、お互いに一定の権利を有する一方で、労働者は労務提供義務、使用者は賃金支払義務などの義務を負う

基本解説

［1］「使用者」とは

　一般法（適用対象が広い）である民法において、「雇用は、当事者の一方が相手方に対して労働に従事することを約し、相手方がこれに対してその報酬を与えることを約することによって、その効力を生ずる」（623条）とされているとおり、雇用関係の根幹にあるのは当事者間の合意である。そして、民法の特別法（適用対象が一般法より特定されている）として実際の雇用（労働）関係を規律する労契法および労基法における当事者は、「労働者」「使用者」とされる。

　労契法上の「使用者」は、「その使用する労働者に対して賃金を支払う者」（2条）と定義しており、雇用主が法人であれば当該法人となる。一方、労基法上の「使用者」とは、「事業主又は事業の経営担当者その他その事業の労働者に関する事項について、事業主のために行為をするすべての者」（10条）であり、事業主のみならず、事業経営一般について権限と責任を負う者も含まれる。「その事業の労働者に関する事項」には、人事、給与、福利厚生等の労働条件の決定や労務管理を行うこと、あるいは業務命令の発出や具体的な指揮監督を行うこと等、すべてこれに含まれるものと解されている[1]。

［2］労使双方に生じる権利と義務

　合意に基づき労働者は社員としての地位を得ることとなり、労働者と使用者との間にはさまざまな法律関係が発生する。その結果、お互いが一定の権利を有する一方で、労働者は労働力を使用者へ提供し（労務提供義務）、使用者はその対価として賃金を労働者へ支払う（賃金支払義務）という義務をそれぞれ負うこととなる。この点は、労契法3条に明文化されている［図表1-1］。

①**労使対等の原則**：労働契約は、労働者・使用者が対等の立場における合意に基づいて締結し、または変更すべきもの（3条1項）

②**均衡考慮の原則**：労働契約は、労働者・使用者が就業の実態に応じて均衡を考慮しつつ締結し、または変更すべきもの（3条2項）

③**仕事と生活の調和への配慮の原則**：労働契約は、労働者・使用者が仕事と生活の調和にも配慮しつつ締結し、または変更すべきもの（3条3項）

④**信義誠実の原則**：労働者・使用者は、労働契約を遵守するとともに、信義に従い誠実に権利を行使し、義務を履行しなければならない（3条4項）

⑤**権利濫用の禁止の原則**：労働者・使用者は、労働契約に基づく権利の行使に当たっては、それを濫用することがあってはならない（3条5項）

　以上見てきたとおり、使用者に雇われる／労働者を採用することは、すなわち合意に基づいた労働契約関係に入ることを意味する。そのような関係性の基本部分について、労働者は労務提供義務として単に出勤すればよいのではなく、使用者から命じられた仕事がきちんとできる状態で勤務すること、つまり「債務の本旨に従った履行」（民法415条1項）が前提となる。その他、労働契約上の義務（職務に専念する義務、業務命令に従う義務など）を労働者は負うこととなる。

労働契約の締結

労働者と使用者では交渉力に差があることや、契約内容が不明確なことが多い

◎ 対等の立場の合意原則を明確化
◎ 均衡考慮および仕事と生活の調和への配慮を規定

◎ 契約内容の理解を促進(情報の提供等)
◎ 契約内容（有期労働契約に関する事項を含む）をできるだけ書面で確認
◎ 安全配慮

契約内容を確認することによって誤解が減り、労使が相互理解の上で労働者が安心・納得して就労できる

労働契約の変更

就業規則の変更については、手続きしかルールがなく、内容のルールは判例に任されている（一般の人にとって不明確）

◎ 合意原則の明確化

◎ 一方的に就業規則の変更により労働者に不利益な変更ができないこと
◎ **労働者の受ける不利益の程度、労働条件の変更の必要性、変更後の就業規則の内容の相当性、労働組合等との交渉の状況**その他の就業規則の変更に係る事情を考慮して、就業規則の変更が合理的な場合は労働条件が変更されること

労働契約の成立・変更の原則や、労働契約と就業規則の関係が明らかになる

資料出所：東京労働局「労働契約法の概要」を一部改変

実務上のポイント

　行政による積極的な情報発信やSNSの普及などで、一昔前に比べれば労働法令に関する知識は格段に入手しやすくなった。このことは、健全な組織運営の後押しにつながる一方で、労使間のトラブルを過度に助長する結果となっている面もある。

　そこで、会社側に立つ管理職としていま一度立ち返っておきたいのが、権利行使および義務履行の前提として労契法でもうたわれている「信義に従い誠実に」という点である。会社としては、労働者と「対等の立場」で真摯に向き合う姿勢が必要であり、健全な組織運営を目指す上で重要となる信頼関係の前提は、「約束を守る」ことだろう。

2 労働契約とは何か

▶労働契約は、労働者と使用者との合意によって成立する
▶合意内容の基本となるのは、①労働者が使用者に使用されて労働すること
と、②その労働に対して使用者が賃金を支払うことである
▶労働契約、就業規則、労働協約（会社と労働組合との取り決め）、法令に
基づいて、労働者と使用者との権利・義務関係が形成される

基本解説

［1］労働契約という「約束」

労働契約は、「労働者が使用者に使用されて労働し、使用者がこれに対して賃金を支払うことについて、労働者及び使用者が合意することによって成立する」（労契法 6 条）ものである。

労働契約を結ぶことで、労働者には、決まった時間に会社の指揮命令下で就労することが義務づけられるが、単に出勤すればよいということではない。一方で、使用者側にも賃金の支払いをはじめとした一定の義務が発生することとなるが、改めて意識すべきなのは、労働契約という「約束」がベースにあるという点である。

［2］日本における労働契約の特徴

「労働契約」である以上は、"どのような労働に従事するのか"が明らかであることが前提となる。しかし、「職務」という概念が希薄な日本型雇用システムでは具体的な職務を特定せず、使用者の広範な裁量による配置転換命令が可能であるため、使用者が命じる業務の範囲が広くなる可能性がある。実際にどのような業務へ就くのかが必ずしも明確とはなっていない中で労働契約が成り立っていること（いわゆるメンバーシップ型雇用）が、日本型雇用システムの特徴として、かねてより指摘されている。

［3］ 当事者間の認識の相違を起こさないためには

　労働者の就労は、労働契約の内容を根拠とした使用者の指揮命令に原則として基づくこととなる。つまり、会社のために"よかれ"という思いがあったにしても、労働者が好き勝手な判断で働いてよいわけではない。また、労働契約で約束しているのは、あくまで所定労働時間内の労働であるので、残業することは労働者の権利ではない。

　ただ、例えば労働時間をめぐるトラブルに至ってから使用者側がこうした理屈をいきなり振りかざしたとしても、現実的な着地点は見いだせないことにもなり得る。そのような事態に陥る前に、採用時や日頃の関わり合いの中で、十分なコミュニケーションを図ることが肝要である。

実務上のポイント

　日本型雇用システムにおける特徴として、具体的な職務や勤務地を特定しないことに触れたが、2024年4月より「書面で明示しなければならない労働条件」が変更され、「就業の場所及び従事すべき業務に関する事項」について、その「変更の範囲」までを明示することが義務づけられた。この改正は労働契約に際して企業実務に少なからず影響を与えることとなったが、厚生労働省が公表したパンフレット[2]では、就業場所・業務に限定がない場合の「変更の範囲」の記載例として、「会社の定める場所（テレワークを行う場所を含む）」や「会社の定める業務」といった内容が示されており、従来の取り扱いと実質的に同じ扱いとなっている。

　ただ、法的な労働条件明示はそれでよいとしても、労務管理では、管理職の説明責任がますます重要になっている。人事評価や処遇に関する明確な説明が必要であることに加え、期待しているパフォーマンスや業務遂行上の課題などについて曖昧なままにすることなく、認識の共有を適切に図っていくことが大切である。そうしたことの積み重ねが、結果として労務トラブルの予防にもつながっていくことになる。

3 就業規則と労働条件との関係

▶労働条件は、労働者と使用者との個別の合意（労働契約）によって決定するが、そのベース（最低基準）となるのが就業規則に規定された労働条件である

▶合意があったとしても、その内容が労基法や就業規則で定める基準に達しない部分は無効となり、無効となった部分はこれら基準によることとなる

基本解説

［1］労働条件の決定に当たっての就業規則の位置づけ

　労働条件は労働契約の内容であるため、労働者と使用者との個別の合意によって定まるものである。その一方で、労働者の労働条件の決定に当たっては就業規則に規定された労働条件がベース（最低基準）となる。つまり、労使の合意によるとはいいながらも、労働条件に関する最低基準を定める労基法の基準に合意内容が抵触してはならないことはもとより、就業規則における労働条件の規定も最低基準となるため、合意されていればどのような条件でもよいというわけではない［図表1-2］。要は、労基法および就業規則の枠組みの中で個別に労働者の労働条件を定めなければならず、当該労働条件が仮にそれらの枠組みを外れた内容である場合には、当事者がいくら合意していたとしても強制的に無効となり、無効となった部分は労基法および就業規則で定める基準によることとなる。

［2］就業規則の法的規範性

　労働条件を定型的に定めた就業規則は、一種の社会的規範としての性質を有するだけでなく、それが合理的な労働条件を定めているものである限り、経営主体と労働者との間の労働条件は、その就業規則によるという事実たる慣習が成立しているものとして、その法的規範性が認められるに

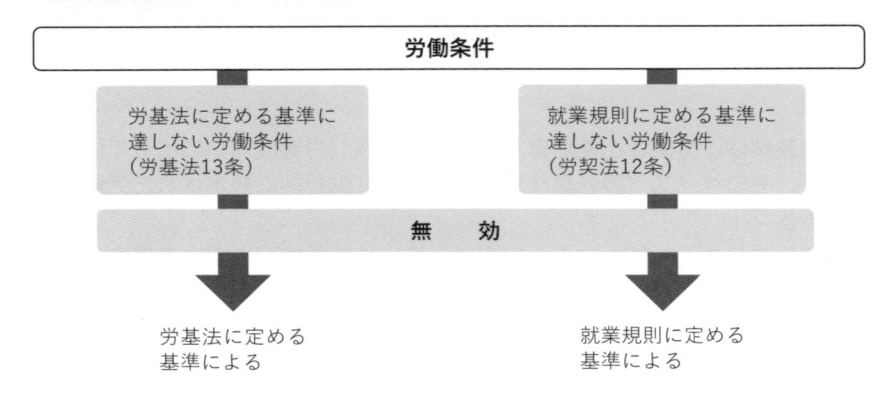

図表 1-2 労働条件の決定と労基法・就業規則との関係

労働条件

労基法に定める基準に
達しない労働条件
（労基法13条）

就業規則に定める基準に
達しない労働条件
（労契法12条）

無　効

労基法に定める
基準による

就業規則に定める
基準による

至っている（民法92条参照。秋北バス事件　最高裁大法廷　昭43.12.25判決）。

　合理的な労働条件を定めていることを前提に、労働条件を決定する上で就業規則の法的規範性が認められるとの解釈が確立していたが、上記を踏まえて労働契約の成立場面における就業規則との関係について規定しているのが労契法 7 条である ［図表1-3]。

実務上のポイント

　［図表1-3]に「就業規則を労働者に周知させていた」とあるとおり、就業規則の有効性については「周知」が重要となる（フジ興産事件　最高裁二小　平15.10.10判決）。この点、就業規則や労使協定などについて以前から「常時各作業場の見やすい場所へ掲示し、又は備え付けること、書面を交付することその他の厚生労働省令で定める方法によって、労働者に周知させなければならない」（労基法106条 1 項）として、「就業規則等を労働者が必要なときに容易に確認できる状態にあることが『周知させる』ための要件である」（平11. 3 .31　基発169）とされてきた。これに関連し、厚生労働省が2023年10月に公開した新たなモデル労働条件通知書で

図表 1-3 労働契約の成立場面における就業規則との関係

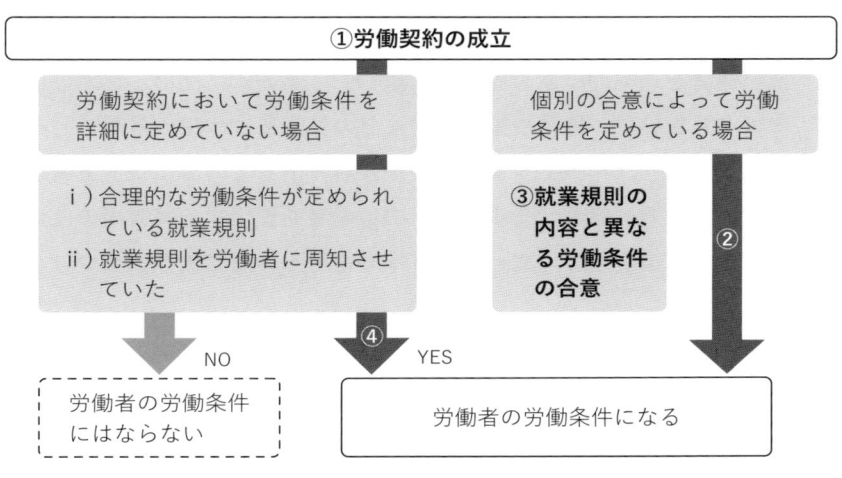

① 労働契約は、労働者と使用者が合意することにより成立する

② 労働者と使用者の合意により労働者の労働条件が決定する

③ ただし、「就業規則の内容と異なる労働条件を合意していた部分」は、その合意が優先する。例えば、就業規則で「1日の所定労働時間は7時間」としており、労働契約では「8時間」としている場合は、就業規則で定める基準に達しない部分のみを無効とし、この無効となった部分は就業規則により「1日7時間」となる。また、就業規則で「1日の所定労働時間は7時間30分」としている場合に、労働契約で「7時間」とすることは、就業規則で定める基準を上回るので有効となり、その労働者には「1日の所定労働時間は7時間」が適用となる

④ 労働契約において労働条件を詳細に定めていなかった場合には、「合理的な労働条件が定められている就業規則」であることに加え、「就業規則を労働者に周知させていた」という要件を満たせば、労働者の労働条件は、その就業規則に定める労働条件によることとなる

資料出所：厚生労働省「労働契約法のあらまし」を一部改変

は、「就業規則を確認できる場所や方法」という項目が追加された（労働条件の書面明示事項として義務づけられたわけではない）。これは就業規則を備え付けている場所等を労働者に示すことにより必要なときに容易に確認できる状態にすることへの対応であり、就業規則の周知方法の一例といえる。

①就業規則とは、使用者が労働者を雇用する事業場の秩序を維持し、業務運営を効率的に進めるため、統一的・画一的に定める職場の規律のことをいい、賃金や労働時間などの労働条件が定められている

②常時10人以上（パートタイマーやアルバイトなどの非正規労働者は含むが、派遣労働者は含まない）の労働者を使用する事業場の使用者には、就業規則の作成と労働基準監督署への届け出が義務づけられている

③就業規則の内容には、必ず記載しなければならない「絶対的必要記載事項」と、使用者がその制度等を定めている場合には記載しなければならない「相対的必要記載事項」がある

④就業規則の作成・変更には、事業場における過半数労働組合か、それがない場合には過半数代表者の意見を聴かなければならない（ただし、同意を得ることまでは求められていないが、出された意見には十分な配慮が必要とされている）

⑤労基法では、労働者に対する就業規則の周知を義務づけており、違反した場合は罰則の適用を受ける。周知は、次のいずれかの方法によって行うこととされている

　ア　常時各作業場の見やすい場所へ掲示し、または備え付けること

　イ　書面を労働者に交付すること

　ウ　磁気テープ、磁気ディスクその他これらに準ずる物に記録し、かつ、各作業場に労働者が当該記録の内容を常時確認できる機器を設置すること

⑥労働契約を締結する場合、使用者が就業規則を労働者に周知させていた場合には、労働契約の内容はその就業規則で定める労働条件によるものとする

労基法における管理職の位置づけ
（管理職と管理監督者の違い）

▶労基法で定める「管理監督者」は、「労働条件の決定その他労務管理について経営者と一体的な立場にある者」で、その範囲は極めて限定的である
▶「管理監督者」は、企業内における職位としての管理職の範囲とは一致せず、権限の実態や処遇などを踏まえた上で取り扱わなければならない

基本解説

［１］労基法上の管理監督者

　労基法における労働時間、休憩、休日に関する規定が適用除外となる労働者の一つとして「監督若しくは管理の地位にある者」、いわゆる管理監督者がある（41条２号）。この点、通達では「一般的には、部長、工場長等労働条件の決定その他労務管理について経営者と一体的な立場にある者の意であり、名称にとらわれず、実態に即して判断すべきものである」（昭22.9.13　発基17、昭63.3.14　基発150）とされている。

　課長職以上を一律に管理監督者として扱っている（その結果として、時間外勤務手当および休日勤務手当を支給していない）というケースがあるが、上記通達の文言からは、一定の職位をもって単純に線引きできるものではないことが分かる。管理監督者性は「実態に即して判断」されるところ、主な判断要素は［図表1-4］のとおりであり、中でもとりわけ責任と権限の実態が重要である。

［２］管理職 ≠ 労基法上の管理監督者

　管理監督者として扱っている管理職が労基法上の管理監督者に該当しない場合、深夜労働のみならず時間外労働、休日労働に対する割増賃金も支払う必要があり、未払い割増賃金の請求など重大な問題に発展するおそれがある。

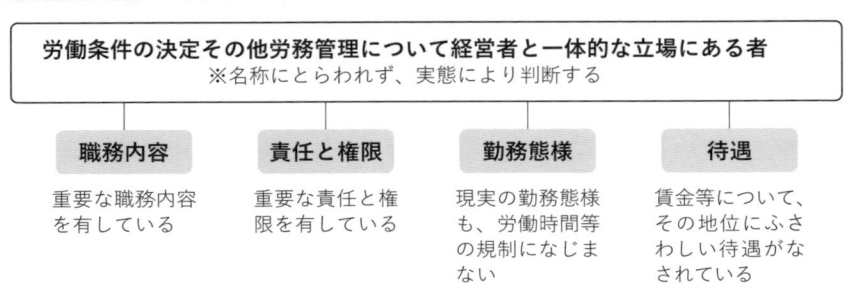

図表 1-4 管理監督者性の主な判断要素

労働条件の決定その他労務管理について経営者と一体的な立場にある者
※名称にとらわれず、実態により判断する

職務内容	責任と権限	勤務態様	待遇
重要な職務内容を有している	重要な責任と権限を有している	現実の勤務態様も、労働時間等の規制になじまない	賃金等について、その地位にふさわしい待遇がなされている

※**スタッフ職の場合**…経営上の重要事項に関する企画立案等の部門に配置され、ラインの管理監督者と同格以上に位置づけられる等、相当程度の処遇を受けている者

労基法上の管理監督者に該当するか否かの実質的な判断は、会社内での肩書など主観的な事情ではなく、個別の実態に即して客観的になされることから、職務権限付与の実態や勤務態様、待遇などを踏まえ、総合的に判断される。

実務上のポイント

管理監督者性は実態に即して判断されることから、その線引きは必ずしも明確ではなく、最終的には裁判によって白黒がつけられるものである。実務上は、労働基準監督官による臨検（企業が労基法などの法令を遵守しているかについて確認する調査）において指導を受けるケースもあり、行政側の視線は以前よりも厳しくなっているように見受けられる。

会社としては、法的に想定されている管理監督者の範囲は極めて限定的であることを踏まえた上で、管理職にしかるべき権限の付与や待遇を行い、管理監督者として求めている役割や期待を明らかにしていくことが、トラブルの防止にも資する。

管理職としては、社内における"管理職"の地位が、直ちに労基法上の管理監督者に該当するものではないことを認識しておく必要がある。

5 労働者の義務

▶労働者が提供すべき労務の具体的な方法や内容等は、労働契約に基づく使用者からの指示命令によって決定される

▶労働者が労務を提供するに当たっては、会社から命じられた仕事がきちんとできる状態で勤務することをはじめ、誠実に職務を遂行、専念する義務などを負う

📖 基本解説

　労働契約に基づいて労働者は賃金の支払いを受ける権利を有することとなるが、それは労働者が義務として負っている労務提供の対価としてのものである。法令上も「労働者及び使用者は、労働契約を遵守するとともに、信義に従い誠実に、権利を行使し、及び義務を履行しなければならない」（労契法3条4項）として、権利の行使のみならず義務を履行すべきことを明らかにしている。

　労務提供および賃金の支払いは、労働契約において中心となる権利義務であるが、それ以外にも労働契約の締結に伴って付随的にさまざまな義務（付随義務）が発生する。労働者の付随義務は、［図表1-5］のとおりである。

👥 実務上のポイント

　管理職として、［図表1-5］に示した義務をいかにして部下に意識してもらうのかが重要となる。

　例えば、労働者の雇入れ時などに、「会社に雇われたからには、あなたはこのような義務を負うこととなります」と事細かに説明するケースもあるが、筆者としては、こうした説明をすることが必ずしもプラスには作用

図表 1-5　労働契約の締結に伴って発生する労働者の義務

- **誠実労働義務**：労働契約を遵守するとともに、会社の就業規則等のルールを守り、誠実に労務を提供しなければならない
- **職務専念義務**：就業時間中は会社の指揮命令下で、職務に専念しなければならない
- **業務命令に従う義務**：上司による職務上の命令には忠実に従わなければならない
- **信頼関係維持義務**：背信行為等によって信頼関係を破壊してはならない
- **企業秩序遵守義務**：職場（会社）の風紀秩序を乱すような言動をしてはならない（人間関係配慮を含む）
- **秘密保持義務**：会社の営業秘密や顧客情報など企業機密を外部に漏らしてはならない
- **競業避止義務**：在職中や退職後に、会社の事業と競合する行為を行ってはならない
- **信用保持義務**：社内社外を問わず、会社の信用を失墜させるような行為を行ってはならない
- **自己保健義務**：自身の健康管理に関して注意を払わなければならない

しないと考える。これから一緒に働いていこうという段階でそのような話をすると、労働者がネガティブに捉える可能性がある。また、今後働いてもらう上でのモチベーションアップにつなげるために伝えるべき事柄は、ほかにいくらでもある。

　労働者が負うこれらの義務は、就業規則上の規定や労働契約上の定めがなくても当然に生ずるものとされているが、「服務規律」として就業規則に規定されていることが通常である。そのため、労働者には就業規則にしっかりと目を通してもらうことが重要であり、そう促すのが管理職として望ましい対応といえる（就業規則の周知義務については **3** 参照）。

　就業規則では、服務規律の内容を幅広く網羅しておくべきであり、服務規律違反を懲戒事由として確実に位置づけておく必要がある。これは、労働者にさまざまな制約を課す趣旨ではなく、労働契約に伴って発生する義務を正しく認識してもらうためであり、ひいては健全な職場環境の醸成や生産性の向上といったことにもつながり得るだろう。

6 使用者の義務

▶労働契約に基づいて使用者が負うこととなる主な義務には、①安全配慮義務、②適正労働条件確保義務、③職場環境配慮義務などがあり、近年、その重要性は高まっている

基本解説

　企業の組織運営において部下を持つ職制である管理監督者は、教育指導や業務命令などの権限を有することになる。しかし、それらの権限を思うままに行使してよいわけではない。部下の健康状態、能力あるいは職務内容について（場合によっては特性や性格も踏まえて）配慮し、危険または健康障害を防止するなどしながら、効率的な業務遂行や企業秩序の維持を図ることを視野に入れて労務管理を行う必要がある。

　特に過労死等の健康障害防止の観点での労基法の遵守、あるいはハラスメント防止も含めた安全配慮については、近年、その重要性が高まっている［図表1-6］。

図表 1-6 ▶ 労働契約の締結に伴い使用者が負う義務

- **安全配慮義務**：労働者の生命および身体等を危険から保護するよう配慮しなければならない
- **適正労働条件確保義務**：適正な労働条件を確保して過労死等を防止するよう配慮しなければならない
- **職場環境配慮義務**：ハラスメント防止のために雇用管理上必要な配慮をしなければならない
- **健康配慮義務**：職場における労働者の安全と健康を確保するようにしなければならない

安全配慮義務については、以下の裁判例で労働者の「生命及び健康等を危険から保護するよう配慮すべき義務を負っている」と判示されたことを受け、労契法5条に明文化された。

> **■陸上自衛隊事件　最高裁三小　昭50.2.25判決**
> 　陸上自衛隊員が、自衛隊内の車両整備工場で車両整備中、後退してきたトラックにひかれて死亡した事例で、国の公務員に対する安全配慮義務を認定した。
> **■川義事件　最高裁三小　昭59.4.10判決**
> 　宿直勤務中の従業員が強盗に殺害された事例で、会社に安全配慮義務の違背に基づく損害賠償責任があるとされた。
>
> ---
>
> **〈労契法5条〉**
> 　使用者は、労働契約に伴い、労働者がその生命、身体等の安全を確保しつつ労働することができるよう、必要な配慮をするものとする。

実務上のポイント

　安全配慮義務などを実際に履行する立場にあるのは、部下を有する管理監督者である。安衛法では、危険防止措置や健康障害防止措置を事業者に義務づけているが、当該義務の履行者である管理監督者は、法違反があった際には「行為者」として罰せられる対象となる（122条）。管理監督者は部下に対する一定の権限を有する一方で、大きな責任を負っていることを改めて認識してほしい。なお、雇用主である会社等の法人は、人間ではないため直接の違反行為者とはならないが、同法上の両罰規定により罰金刑を科されることになっている。

7 労働法令の全体像

▶労基法をはじめとした労働法令は、法令ごとに「強行法規」「行政取締法規」「刑罰法規」の性格を有する
▶労働契約に基づく労使間の権利義務を発生させる根拠としても、労働法令は労働協約や就業規則に優先して最上位に位置する

基本解説

［1］労働法令の持つ効力

　労働契約に基づく労働者と使用者との関係性を取り巻く法令にはさまざまなものがあり、代表格である労基法のほか、最賃法、均等法、パート・有期法、高年法などがある。こうした労働法令は、労働契約がこれらに違反する内容であってはならない（違反しているものは無効となる）という強行法規、すなわち「私法上の権利義務を発生させる効力（私法的効力）を持つ規定」としての性格を有している[3]。法違反により労働契約の内容が無効とされる場合に、例えば労基法では、「無効となった部分は、この法律で定める基準による」（13条）とされており、労基法で定める基準が労使間の労働契約の内容を直接規律する効力を有している。

　加えて、労働基準監督官や労働局指導官による指導に見られるように、「国が使用者に対して一定の行為を命じ、行政上の指導・監督等を通じてその実現を図ろうとする行政取締法規」の性格を持つ。

　また、「法律上の規定に違反する場合に刑事罰を科すことを予定している刑罰法規」としての性格もあり、労基法や最賃法等には、一定の法律違反行為に対して懲役刑や罰金刑が定められている。

［2］労働契約に対する法令等の適用順位

　労働条件の決定（労働契約の成立）に当たり、就業規則に規定された労働条件がベース（最低基準）となるが、労働契約に対する効力が就業規則よりも優先するものが二つある。その第一が労働法令であり、第二が労働協約（労働組合と使用者との間で、労働条件等について交渉で合意に達した内容が書面化され、両当事者が署名または記名押印したもの）である（労契法13条、労組法16条、労基法92条1項）。なお、法令は強行法規としての性質および公序良俗違反（民法90条）の規定により、労働契約に基づく労使間の権利義務を発生させる根拠として最上位の位置づけとなる。

　労働契約に対する法令等の適用順位を図示すると、［図表1-7］のようになる。

実務上のポイント

　部下を指揮監督する立場として、また、労使間トラブルの未然防止や職場における問題をあるべき方向へ導く役割を担う者としても、管理職が法令に則した適切な労務管理を行うために労働法令の全体像を正しく理解しておくことは必須である。

図表 1-7 労働契約に対する法令等の適用順位

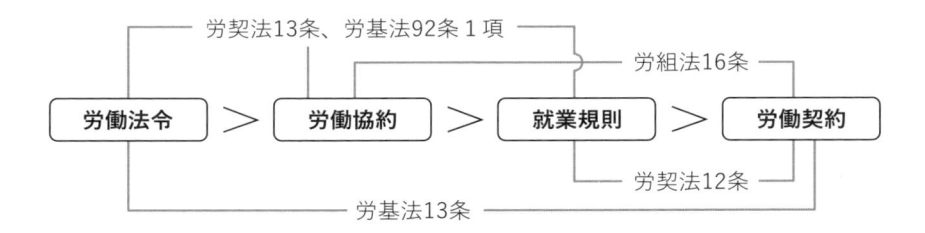

労基法13条、労基法92条１項
労組法16条
労働法令　＞　労働協約　＞　就業規則　＞　労働契約
労契法12条
労基法13条

労基法13条：この法律で定める基準に達しない労働条件を定める労働契約は、その部分については無効とする。この場合において、無効となった部分は、この法律で定める基準による。

労基法92条１項：就業規則は、法令又は当該事業場について適用される労働協約に反してはならない。

※「反してはならない」というのは、労働協約のうち労働条件その他労働者の待遇に関する基準（いわゆる労働協約の規範的部分）であり、就業規則の作成や変更が労働協約上の手続き規定に反していたとしても、これをもって就業規則が無効となるものではない（昭24.1.7　基収4078）。

労契法12条：就業規則で定める基準に達しない労働条件を定める労働契約は、その部分については、無効とする。この場合において、無効となった部分は、就業規則で定める基準による。

労契法13条：就業規則が法令又は労働協約に反する場合には、当該反する部分については、第７条、第10条及び前条の規定は、当該法令又は労働協約の適用を受ける労働者との間の労働契約については、適用しない。

労組法16条：労働協約に定める労働条件その他の労働者の待遇に関する基準に違反する労働契約の部分は、無効とする。この場合において無効となった部分は、基準の定めるところによる。

※労働協約は労使の合意であることから、（内容の合理性といった観点はあるにしても）使用者が一方的に定め得る就業規則よりも優先する。

8 不利益取り扱いの禁止

▶労働者が権利を行使した（しようとした）ことを理由とする解雇などの「不利益取り扱い」を禁止する法規制は、労働法令において多岐にわたる
▶不利益取り扱いは、使用者による解雇権・人事権の濫用を意味し、それを禁ずることで労働者による正当な権利行使を担保している

📖 基本解説

［1］労働法令における不利益取り扱いの禁止

　労働法令においては、「解雇その他不利益な取扱いをしてはならない」という文言が使われるケースが多い。列挙してみると、多岐にわたって規定されていることが分かる［図表1-8］。これは、労働者による正当な権利行使を担保するため、権利を行使した（しようとした）ことを理由として、使用者や事業主が解雇など不利益な取り扱いをすることを禁ずるものである。

［2］不利益取り扱いの例

　不利益取り扱いは、使用者や事業主による解雇権・人事権の濫用を意味する。例えば、妊娠・出産等を理由とする不利益取り扱いの例では［図表1-9］のような内容が厚生労働省指針によって定められている。

👥 実務上のポイント

　不利益取り扱いの禁止の対象となる事由は、労働者にとって重要な権利であるからこそのものである。図表で示したもの以外にも、例えば年次有給休暇の取得も対象であり（労基法136条）、事由が発生したことで管理職としては業務の調整などに追われることも想定されるが、権利の行使に対して悪意がないにしても軽率な言動をしてはならない。業務の棚卸しや

図表 1-8　不利益取り扱いが禁止されている主な事由

内　　容	条　　文
企画業務型裁量労働制、専門業務型裁量労働制、高度プロフェッショナル制度の適用に同意しなかったこと	労基法38条の4第1項6号、41条の2第1項9号、労基則24条の2の2第3項1号
事業場における法令等違反事実について行政官庁または労働基準監督官へ申告したこと	労基法104条2項、安衛法97条2項
女性労働者の妊娠、出産に関する事由を理由としたもの（具体的には均等則2条の2で定める）	均等法9条3項、均等則2条の2
セクハラ、パワハラ、マタハラについて相談を行ったこと、または事業主による当該相談への対応に協力した際に事実を述べたこと	均等法11条2項、11条の3第2項、労働施策総合推進法30条の2第2項、育介法25条2項
育児休業（育休）、出生時育児休業（産後パパ育休）、介護休業の申し出をしたこと、またはそれらの休業をしたこと	育介法10条、16条
子の看護休暇、介護休暇の申し出をしたこと、またはそれらの休暇を取得したこと	育介法16条の4、16条の7
3歳に満たない子（法改正により2025年4月からは小学校就学の始期に達するまでの子）を養育している、または要介護状態にある対象家族を介護していることで所定外労働の制限を請求している労働者が所定労働時間を超えて労働しなかったこと	育介法16条の10
小学校就学の始期に達するまでの子を養育している、または要介護状態にある対象家族を介護していることで時間外労働の制限を請求している労働者が制限時間を超えて労働しなかったこと、深夜業の制限を請求している労働者が深夜において労働しなかったこと	育介法18条の2、20条の2
本人またはその配偶者が妊娠または出産したことなどの事実を事業主に対して申し出たこと	育介法21条2項
3歳に満たない子を養育する労働者が所定労働時間の短縮措置を申し出たこと、または当該措置が講じられたこと	育介法23条の2
通常の労働者との間の待遇の相違の内容および理由、待遇を決定するに当たって考慮した事項について、パートタイム・有期雇用労働者が説明を求めたこと	パート・有期法14条3項
パートタイム・有期雇用労働者と事業主との間の紛争、障害のある労働者と事業主との間の紛争、個別労働関係紛争に関し、その解決について都道府県労働局長に援助を求めたこと	パート・有期法24条2項、障害者雇用促進法74条の6第2項、個紛法4条3項
法令等違反の事実を都道府県労働局長、労働基準監督署長、労働基準監督官に申告したこと	賃確法14条2項、最賃法34条2項

図表 1-9　妊娠・出産等を理由とする不利益取り扱いの例

- ▶解雇すること
- ▶期間を定めて雇用される者について、契約の更新をしないこと
- ▶契約の更新回数の上限が明示されている場合に、その回数の上限を引き下げること
- ▶退職するように強要すること、正社員からパートタイム労働者などに契約内容を変更するように強要すること
- ▶降格させること
- ▶就業環境を害すること
- ▶不利益な自宅待機を命じること
- ▶減給や、賞与等で不利益な算定を行うこと
- ▶昇進・昇格の人事考課で不利益な評価を行うこと
- ▶不利益な配置の変更を行うこと
- ▶派遣労働者として就業する者について、派遣先が当該派遣労働者に係る労働者派遣の役務の提供を拒むこと

資料出所：厚生労働省「労働者に対する性別を理由とする差別の禁止等に関する規定に定める事項に関し、事業主が適切に対処するための指針」（平18.10.11　厚労告614、最終改正：平27.11.30　厚労告458）

業務の進め方の見直しを普段から進めることで、さまざまな状況に対応できる職場の整備が必要だといえる。

Part 1　参考資料

1　厚生労働省労働基準局編『令和3年版 労働基準法・上』労働法コンメンタール③［労務行政］166ページ

2　厚生労働省「2024年4月からの労働条件明示のルール変更　備えは大丈夫ですか？」

3　水町勇一郎著『詳解 労働法 第3版』［東京大学出版会］109ページ

Part 2

労働時間管理

9 労働時間制度の概要

▶労働時間の原則は1週40時間、1日8時間（法定労働時間）で、それを超えて労働させることはできない。時間外労働や休日労働をさせるには「36協定」が必要

▶労働時間の例外として、柔軟な働き方に対応した「変形労働時間制」や、ある一定の時間働いたものとみなす「みなし労働時間制」の適用が認められている

基本解説

［1］ 労働時間の原則と例外

　労基法では、「1週40時間、1日8時間」を労働時間の上限としており（32条、法定労働時間）、それを超える労働は違法というのが大原則である。その上で、以下のとおり例外的な運用が認められている［図表2-1、2-2］。

- ・変形労働時間制、フレックスタイム制
- ・みなし労働時間制（事業場外みなし労働時間制、裁量労働制）
- ・管理監督者等
- ・労使協定（いわゆる36協定）を締結することによる時間外労働

［2］ 変形労働時間制とフレックスタイム制

　変形労働時間制やフレックスタイム制は、労働時間の弾力化、年間休日日数の増加、業務の繁閑に応じた労働時間の配分等を通しての「労働時間の短縮」を目的とした仕組みである。このような目的に照らした場合、それら労働時間制度を導入することは一定の合理性を有していると考えられるが、労働者に適用する労働時間制度の変更は労働契約の内容（労働条件）の変更であることから、労契法8条に基づき、「労働者及び使用者は、

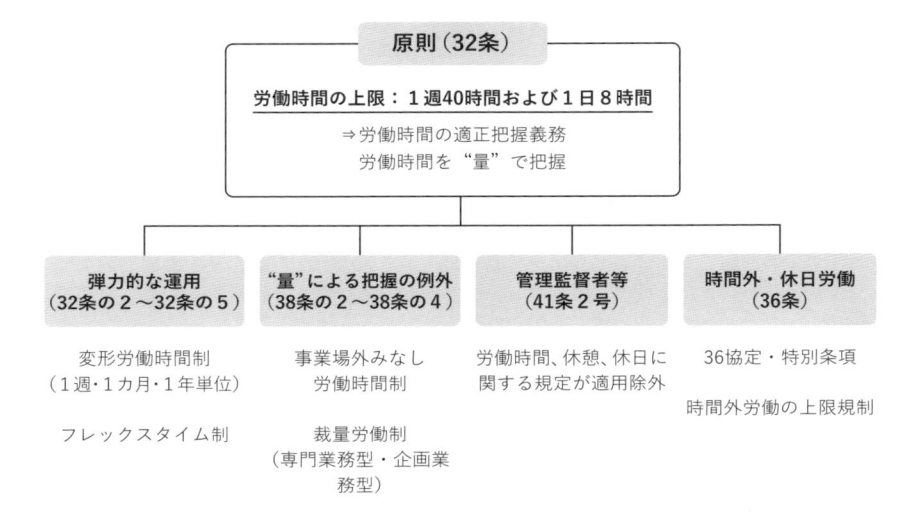

図表 2-1　労基法における労働時間の原則と例外

その合意により、労働契約の内容である労働条件を変更することができる」。変形労働時間制とフレックスタイム制のいずれも、労働時間の弾力的な運用であるとはいえ、労働時間を“量”で把握するという点において原則の労働時間制度と変わりはないことに留意しなければならない。特にフレックスタイム制は、働く上での労働者の裁量が大幅に増えるかのような誤解も見られるが、労働者に委ねられているのはあくまで始業・終業時刻の決定である（その結果として、日単位・週単位での法定労働時間という考え方がない）。一方の変形労働時間制における「弾力的」というのは、特定の日・週で法定労働時間を超えて労働させることができるという意味においてのものである。そのような各制度の性質を踏まえた上で、自社の業種・職種にそもそも適合するのかどうかを慎重に見極める必要がある。

　なお、変形労働時間制の下で労働させる場合、育児や介護を行う者などに対しては、育児等に必要な時間を確保できるような配慮をしなければならない（労基則12条の6）とされていることにも留意が必要である。

図表 2-2 労基法で規定された労働時間制度の概要

		内容・対象者	労働時間の扱い
弾力的労働時間制度	1カ月単位の変形労働時間制（32条の2）	1カ月以内の期間を平均して、法定労働時間を超えない範囲で、特定の日・週で法定労働時間を超えて労働させることができる制度。対象業務に関する制限はない	1カ月以内の期間とその期間内の総労働時間を定め、その枠内で働く
	1年単位の変形労働時間制（32条の4）	1カ月を超え、1年以内の期間を平均して、法定労働時間を超えない範囲で、特定の日・週で法定労働時間を超えて労働させることができる制度。対象業務に関する制限はない	1カ月を超え、1年以内の期間とその期間内の総労働時間を定め、その枠内で働く
	1週単位の非定型的変形労働時間制（32条の5）	常時使用する労働者が30人未満の小売業、旅館、料理店および飲食店のみ	1週40時間以内の範囲で、1日10時間を上限として、その枠内で働く
	フレックスタイム制（32条の3）	労働者が各日の始業、終業の時刻を自らの意思で決めて働く制度。対象業務に関する制限はない ※コアタイムを設けることはできる	3カ月以内の一定期間（清算期間）と総労働時間を定め、その枠内で働く
みなし労働時間制	事業場外みなし労働時間制（38条の2）	労働者が、労働時間の全部または一部について事業場外で業務に従事した場合において、労働時間の算定が困難なとき	①原則として所定労働時間労働したものとみなす ②当該業務を遂行するために、通常所定労働時間を超えて労働することが必要である場合には、当該業務の遂行に通常必要な時間労働したものとみなす
	専門業務型裁量労働制（38条の3）	業務の性質上、業務遂行の手段や時間配分等を大幅に労働者の裁量に委ねる必要がある業務として、厚生労働省令および大臣告示で定められた専門的な業務に従事する労働者（対象労働者本人の同意を得ることが必要） （例）新商品や新技術の研究開発・人文科学や自然科学の研究・情報処理システムの設計・コピーライター・新聞記者等	労使協定で定めた時間を労働したものとみなす（法定労働時間を超過するみなし労働時間を設定する場合、通常の労働時間制度の場合と同様、「36協定の締結および届け出が必要」かつ「時間外割増賃金の支払いが必要」となる）

み な し 労 働 時 間 制	**企画業務型裁量 労働制** （38条の4）	事業の運営に関する事項についての企画、立案、調査および分析の業務であって、業務の性質上、これを適切に遂行するために、業務遂行の手段や時間配分等を大幅に労働者に委ねる必要がある業務に従事する労働者（対象労働者本人の同意を得ることが必要） （例）企業の企画部門で経営環境を調査分析し、経営計画を策定する労働者・企業の財務部門で財務状態等を調査分析し、財務計画を策定する労働者等	労使委員会の決議で定めた時間を労働したものとみなす（法定労働時間を超過するみなし労働時間を設定する場合、通常の労働時間制度の場合と同様、「36協定の締結および届け出が必要」かつ「時間外割増賃金の支払いが必要」となる）
特 別 規 制	**高度プロフェッ ショナル制度** （41条の2）	金融商品の開発の業務・ファンドマネージャー、トレーダー、ディーラーの業務・証券アナリストの業務・コンサルタントの業務・新たな技術、商品または役務の研究開発の業務のいずれかに従事し、年収が1075万円以上である労働者（対象労働者本人から書面で同意を得ることが必要）	労基法に定められた労働時間、休憩、休日、深夜の割増賃金に関する規定は適用除外となる
適 用 除 外	①農水産業従事者、②管理監督者等、③監視・断続的労働従事者、④宿日直勤務者 （41条）	②は、労働条件の決定その他労務管理について経営者と一体的な立場にある者 ※「管理監督者」に該当するかどうかは、役職名ではなく、その労働者の勤務態様、職務内容、責任・権限、待遇を踏まえて実態により判断される	労基法に定められた労働時間、休憩、休日に関する規定は適用除外となる。ただし、深夜労働は適用される

［3］ みなし労働時間制（事業場外みなし労働時間制、裁量労働制）

　みなし労働時間制は、労働時間を"量"で把握することと性質を異にしており、事業場外での業務（であって労働時間を算定し難い場合）や裁量労働制の対象業務に従事した場合に、実際の労働時間にかかわらず、あらかじめ定めた時間を働いたものと「みなす」制度である。この「みなす」ことの法的な意味合いは、反証を許さない確定的取り扱いとなるものであり、具体的なみなし時間は労基法に基づいて就業規則や労使協定を根拠として設定される。そのため、仮に「所定労働時間労働したものとみなす」という取り決めをしていれば、就業規則に定められた当該労働日の始業時刻から終業時刻までの時間（所定の休憩時間を除く）を労働したものとして労働時間を算定することになり、結果として時間外労働は発生しないこととなる。言うまでもなく、この仕組みは使用者が都合の良いように運用することを許容するものではなく、事業場外での業務であれば「労働時間が算定し難い場合」を前提とし、管理方法次第で算定できるような場合には適用できない。

　裁量労働制の適用業務の範囲は厚生労働省が定めた業務に限定されており、業務の性質上、その遂行の方法を大幅に当該業務に従事する労働者の裁量に委ねる必要があることが前提となる。また、設定するみなし時間数にしても、「みなし」という強力な効果を生む以上は慎重に精査した上で決定されるべきであり、労使協定の更新期はもちろん、みなし時間を決定した後もその妥当性について適宜の見直しを行う必要がある。制度の厳格な運用を怠り、結果として恒常的な長時間労働に陥るようなことがあってはならない。

［4］ 管理監督者の取り扱い

　いわゆる管理監督者（労基法41条2号）は、労基法に定める労働時間、休憩、休日に関する規定の適用が除外されている。しかし、そもそも同法が想定している管理監督者の範囲は極めて限定的である点には注意しなければならない（ Part 1 の 4 参照）。

［5］36協定による時間外労働・休日労働

36協定とは、事業場ごとに締結する労使間の時間外・休日労働協定であり、これにより法定労働時間を超える時間外労働や休日労働が可能となる。労基法36条に定められていることから、「36協定」（サブロク協定）と呼ばれている。36協定および時間外労働の上限規制に関する詳細は Part 3 の 19 20 で述べるが、ここでは総括的な留意点を挙げておく。

①時間外労働の上限は、原則として、月45時間、年360時間である。臨時的な事情がある場合は特別条項付きの36協定があるが、その場合でも年720時間以内、複数月平均80時間以内、月100時間未満という法定の上限を超えることはできない
②自社の36協定の内容を把握しておく
③部下の労働時間を適切に管理し、36協定の範囲内で業務を遂行するよう指導する。また、健康管理にも配慮し、過度な時間外・休日労働を避けるよう努める

実務上のポイント

筆者が過去に行った労務診断では、従業員が36協定の内容を「知らない」「見たことがない」という例が少なからずあった。周知していないからといって必ずしも協定の効力が否定されるわけではないが、現実問題として、協定内容を知らずして協定で定める限度時間を遵守できるとは考えにくい。仮に結果として限度時間が破られなかったとしても、将来にわたって労働時間に対して適切な遵守意識を持つことは期待し難いだろう。そうしたことからも、まずは自社（自身の勤務する事業所）の36協定の内容を確認した上で、部下にも確実に周知することを意識してほしい。なお、この周知は労基法上の義務であり、当該義務の違反に対しては、30万円以下の罰金という罰則規定（労基法120条１号）があることにも留意が必要である。

10 労働時間

▶労働時間とは、「労働契約の内容に従って労働者が使用者の指揮命令下に置かれている時間」のことをいう

▶使用者の明示または黙示の指示により業務に従事する時間はもとより、使用者の指揮命令下に置かれていると客観的に評価できる場合には労働時間に該当する

📖 基本解説

［１］ 労働時間該当性

　労基法上の労働時間に該当するか否かは、「労働者の行為が使用者の指揮命令下に置かれたもの」と評価できるか否かにより客観的に定まる。そのため、労働契約や就業規則、労働協約等の定めの如何により決定されるものではない（三菱重工業長崎造船所事件　最高裁一小　平12.3.9判決）。

　また、客観的に見て使用者の指揮命令下に置かれていると評価されるかどうかは、労働者の行為が使用者から義務づけられ、またはこれを余儀なくされていた等の状況の有無等から、個別具体的に判断される[1]。

［２］ 場面ごとに見た労働時間該当性

　労働者が使用者に拘束されている時間について、事業場内・事業場外における各場面での労働時間該当性を ［図表2-3］ にまとめた。

　例えば、事業場内時間のうち「実作業時間」や「手待時間」（使用者の指示があった場合には即時に業務に従事することを求められており、労働から離れることが保障されていない状態で待機等している時間）は労働時間となるが、「私用・組合活動時間」や「休憩時間」は労働時間とならない。また、事業場外時間における「出張（宿泊）時間」について、出張先

図表 2-3 労働時間該当性

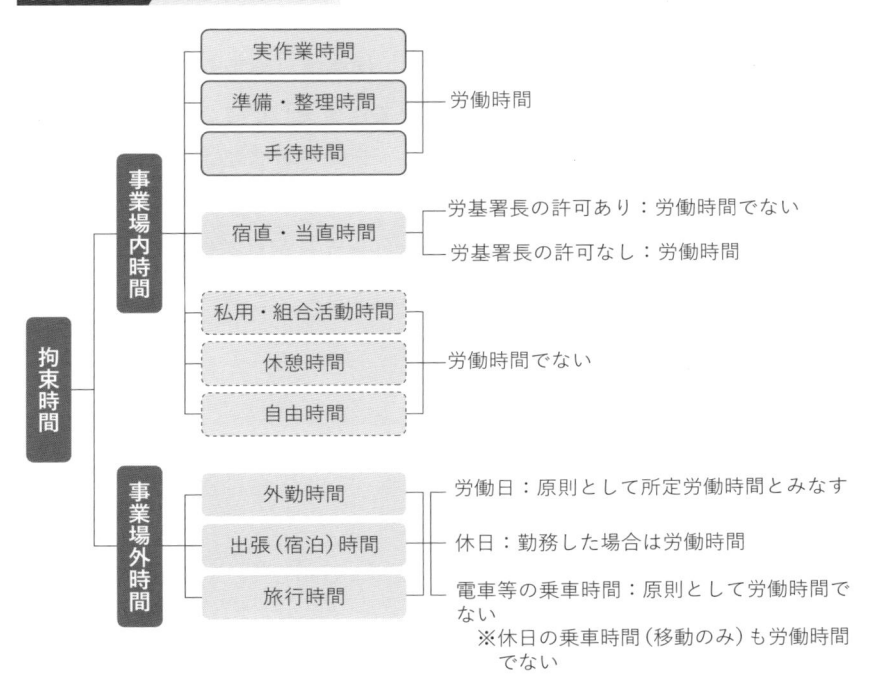

[注] 「拘束時間」とは、始業時刻から終業時刻までの時間をいう。

まで移動する際の新幹線・電車等の乗車時間は、原則として労働時間には当たらない。

実務上のポイント

　所定労働時間内で業務を遂行することは、そもそも労働者と使用者との間で約束されていることであるため、労働時間であるか否かの疑義が生じるケースはさほど多くはない。一方で、所定労働時間内であっても通常の業務とは異なることを行っていたり、所定労働時間外や休日に仕事をしていたりする場合には、それが果たして労働時間に該当するのかどうかが問題となり得る。

部下を持つ管理職としては、的確な業務指示や所定時間外労働の命令（あるいは事前申請）を通じて、日頃から労働時間に対する意識づけが重要となる。「信頼して部下に任せている」状態は、部下が一定の裁量と責任を持って業務を遂行しているという面では望ましいことだが、それが結果として"なれ合い"のような状態となり、管理監督者によるチェックの目が届かなくなった場合に、労働時間であったのかどうかについて思わぬトラブルにつながるおそれも否定できない。そうした意識づけという基本的な部分をおろそかにせず、部下との密なコミュニケーションとともに地道に継続していくことが極めて重要である。

コラム

「法定労働時間」と「所定労働時間」の違い

　法定労働時間とは、労基法で定められた「1週40時間、1日8時間」のことをいう。

　所定労働時間とは、労働契約や就業規則等で定めている時間のことで、例えば、9〜17時（休憩1時間）であれば、1日の所定労働時間は7時間となる。

「時間外労働」と「残業」の違い

　「時間外労働」とは、労基法で定められた法定労働時間（1週40時間、1日8時間）を超える時間の労働をいう。

　「残業」とは、会社で定めた「所定労働時間」を超える時間の労働を指す。

11

労働時間の把握方法と適正な労働時間管理

▶使用者には労働時間を把握する義務がある。これは第一義的には賃金の適正な支払いにつなげるためだが、36協定で定める限度時間の遵守や安衛法における労働時間の把握義務とも相まって、労働者の健康管理との関連性においても非常に重要であり、労務管理の最重要テーマの一つである

基本解説

［1］労働時間の把握義務と対象者

　使用者には、労働者の労働時間を把握する義務がある。これは、労基法が労働時間という"量"を法規制の根幹に置いていることから、第一義的には賃金の適正な支払いにつなげるためだといえる。この点、労働時間適正把握ガイドライン[2]では、次のように示されている。

> 　本ガイドラインに基づき使用者〈中略〉が労働時間の適正な把握を行うべき対象労働者は、労働基準法第41条に定める者及びみなし労働時間制が適用される労働者（事業場外労働を行う者にあっては、みなし労働時間制が適用される時間に限る。）を除く全ての者であること。

　一方で、36協定で定める限度時間を遵守することや、安衛法における労働時間の状況の把握義務（66条の8の3）とも相まって、労働者の健康管理との関連性においても重要である。労働時間適正把握ガイドラインでも、「本ガイドラインが適用されない労働者についても、健康確保を図る必要があることから、使用者において適正な労働時間管理を行う責務がある」とされている［図表2-4］。

［2］労働時間を適正に把握するための方法

　労働時間の把握方法について、労働時間適正把握ガイドラインでは、

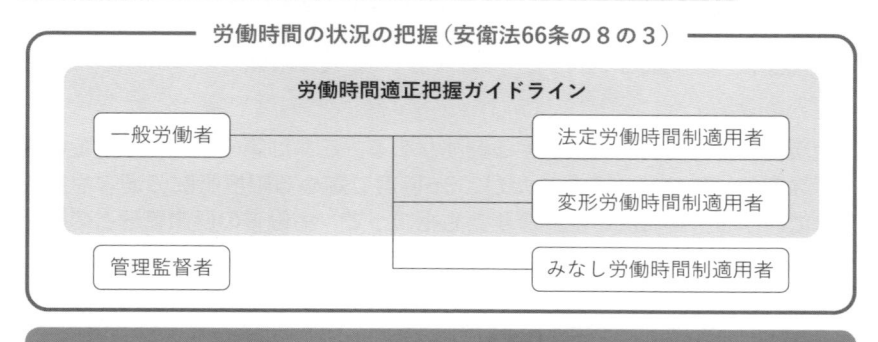

図表 2-4　労働時間の適正把握義務と状況の把握義務の対象者

労働時間の状況の把握（安衛法66条の8の3）

労働時間適正把握ガイドライン

一般労働者 ── 法定労働時間制適用者

変形労働時間制適用者

管理監督者 ── みなし労働時間制適用者

高度プロフェッショナル制度適用者 ➡ 健康管理時間の把握（労基法41条の2）

「使用者は、労働時間を適正に把握するため、労働者の労働日ごとの始業・終業時刻を確認し、これを記録すること」とした上で、「始業・終業時刻の確認及び記録の原則的な方法」について、以下のとおり示している。

> 原則として次のいずれかの方法によること。
> ア　使用者が、自ら現認することにより確認し、適正に記録すること。
> イ　タイムカード、ICカード、パソコンの使用時間の記録等の客観的な記録を基礎として確認し、適正に記録すること。

［3］出張・外勤における労働時間の取り扱い

　出張など外勤中の労働時間は、就業規則等の定めに基づいて「所定労働時間労働したものとみなす」としているケースが多いと思われる。これは、労基法38条の2に基づく、いわゆる「事業場外みなし労働時間制」によるものだが、これが適用できるのは、あくまで「労働時間を算定し難い」場合に限られることに留意が必要である。

　したがって、出張時に使用者の具体的な指揮監督が及ばない状況にあれば、事業場外みなし労働時間制を適用できる。一方、①管理職が同行して

具体的な指揮監督を行っている場合や、②出張先が自社の支店等で現地管理職の指揮監督の下に勤務しており、就労状況を把握できる場合であれば、「労働時間を算定し難い」とはいえないため、事業場外みなし労働時間制は適用できず、実労働時間を記録しなければならない。

［4］ テレワーク中の労働時間管理

　コロナ禍を経て急速に浸透したテレワークと事業場外みなし労働時間制との関係については、以下の二つの要件を満たさなければ、「労働時間を算定し難い」とは判断されない[3]。

①情報通信機器が、使用者の指示により常時通信可能な状態におくこととされていないこと
②随時使用者の具体的な指示に基づいて業務を行っていないこと

　①は、すなわち、パソコンや携帯電話等の情報通信機器を通じた使用者の指示に即応する義務がない状態である。これは使用者が労働者に対して情報通信機器を用いて随時具体的な指示を行うことが可能でなく、かつ、使用者からの具体的な指示に備えて待機しつつ実作業を行っている状態、または手待時間として待機している状態にはないことを指すとされている。

実務上のポイント

　労働時間適正把握ガイドラインでは、始業・終業時刻の原則的な記録方法（客観的な記録）としてタイムカードやICカードを挙げているが、これらの方法にしても、打刻のタイミングなど使い方次第では、必ずしも客観性が担保されるとは限らない。つまり、打刻行為に自らの意思が介在する以上は、記録としての適正性に疑義が生じる余地があるといえる。仮に第三者からそうした疑義を抱かれた場合に、例えば「社内で打刻ルールを策定していて、日頃から周知徹底している」ことなどが示せれば納得感にもつながる。そのため、客観性を担保できる仕組みや"けん制"の機能などを構築しておくことが重要である。

12

長時間労働の問題と健康確保

▶長時間労働と健康確保は、労務管理における最重要テーマの一つ
▶健康障害を防ぐために、部下の労働時間とその状況を日々把握するととも
　に、業務量や心身の状況に目を配ることで、部下が安全な環境下で業務遂
　行できるように管理しなければならない

📖 基本解説

［1］健康確保の視点からの労働時間規制

　職場における健康確保ということでは、労基法と一体として運用される
安衛法の知識も管理職として欠かすことができない。安衛法は「職場にお
ける労働者の安全と健康を確保するとともに、快適な職場環境の形成を促
進することを目的」（1条）としている一方、労基法自体にも「健康」と
いう文言は一部で出てくるものの、労働時間管理と健康確保との関係性は
必ずしも明らかではない。しかし、これについては電通事件（最高裁二小
平12．3．24判決）の判決文において重要な言及がされている（下線は筆
者）。

> 　労働者が労働日に長時間にわたり業務に従事する状況が継続するな
> どして、疲労や心理的負荷等が過度に蓄積すると、労働者の心身の健
> 康を損なう危険のあることは周知のところである。労働基準法は、労
> 働時間に関する制限を定め、労働安全衛生法65条の3は作業の内容等
> を特に限定することなく、同法所定の事業者は労働者の健康に配慮し
> て労働者の従事する作業を適切に管理するように努めるべき旨を定め
> ているが、それは、右のような危険が発生するのを防止することをも

目的とするものと解される。これらのことからすれば、使用者は、その雇用する労働者に従事させる業務を定めてこれを管理するに際し、業務の遂行に伴う疲労や心理的負荷等が過度に蓄積して労働者の心身の健康を損なうことがないよう注意する義務を負うと解するのが相当であり、使用者に代わって労働者に対し業務上の指揮監督を行う権限を有する者は、使用者の右注意義務の内容に従って、その権限を行使すべきである。

　「右のような〈筆者注：労働者の心身の健康を損なう〉危険が発生するのを防止することをも目的とする」とあるように、労基法による労働時間に関する規制が、労働者の健康確保ともリンクしているというわけである。

　労働者の健康確保のためには労働時間の把握が必須であり、労働時間を把握すべき対象者や把握方法が労働時間適正把握ガイドラインにおいて示されていることは、先述のとおりである。労働時間の把握義務が労基法自体に定められているわけではないが、後掲［3］のとおり安衛法では健康確保の観点から、労働者がいかなる時間帯にどの程度の時間、仕事ができる状態にあったかを把握することが定められている（労働時間の状況の把握義務）。なお、高度プロフェッショナル制度の適用者は労働時間の把握の対象からは除外されているが、健康・福祉確保措置として健康管理時間を把握する必要がある（労基法41条の2）。

［2］長時間労働者に対する医師による面接指導

　安衛法では、労働時間に絡んだ具体的な規制として、長時間労働者に対する医師による面接指導が設けられている［図表2-5］。この面接指導は、月80時間超の時間外労働・休日労働を行っており、かつ疲労の蓄積が認められる者（高度プロフェッショナル制度適用者を除く）が対象となり、その対象者からの申し出に基づいて行うこととされている。ただし、実務上では、こうした法令上の実施要件を上回る形での運用ルールとしたり、

図表 2-5　長時間労働者に対する医師による面接指導

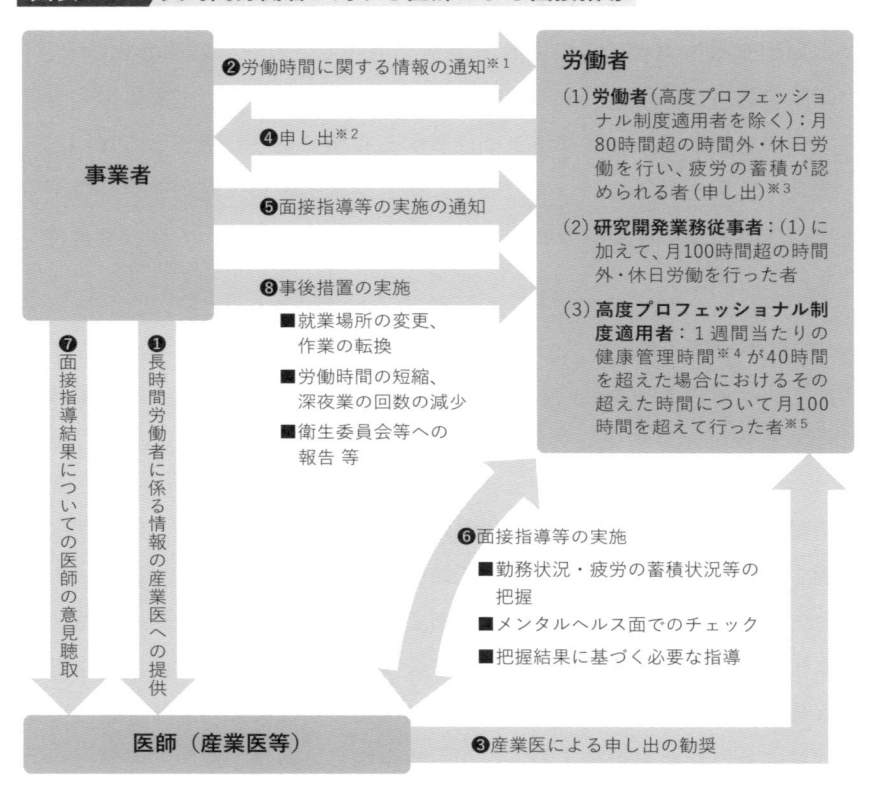

※ 1　時間外・休日労働時間が月80時間を超えた労働者が対象。

※ 2　月100時間超の時間外・休日労働を行った研究開発業務従事者、高度プロフェッショナル制度適用者については、面接指導実施の申し出がなくても対象となる。

※ 3　月80時間超の時間外・休日労働を行った者については、申し出がない場合でも面接指導を実施するよう努める。月45時間超の時間外・休日労働で健康への配慮が必要と認めた者については、面接指導等の措置を講ずることが望ましい。

※ 4　対象業務に従事する対象労働者の健康管理を行うために当該対象労働者が事業場内にいた時間（労使委員会が厚生労働省令で定める労働時間以外の時間を除くことを決議したときは、当該決議に係る時間を除いた時間）と事業場外において労働した時間との合計の時間。

※ 5　1週間当たりの健康管理時間が、40時間を超えた場合におけるその超えた時間について、1カ月当たり100時間を超えない高度プロフェッショナル制度適用者であって、申し出を行った者については、医師による面接指導を実施するよう努める。

資料出所：厚生労働省「長時間労働者への医師による面接指導制度について」を一部改変

社内の面接指導制度が必要に応じて十分に活用されるよう周知を行ったりするなどの取り組みが求められる。

［3］労働時間の状況の把握義務

　面接指導の実効性を担保すべく、安衛法では、労働時間の状況を把握する義務が明文化されている。具体的には、面接指導を実施するために事業者は、タイムカードによる記録、パソコン等の使用時間の記録等の客観的な方法その他の適切な方法により、労働者（高度プロフェッショナル制度適用者を除く）の労働時間の状況を把握しなければならない（同法66条の8の3、安衛則52条の7の3第1項）。この把握義務の趣旨は、「労働者の健康確保措置を適切に実施する観点から、労働者がいかなる時間帯にどの程度の時間、労務を提供し得る状態にあったかを把握するもの」（平30.12.28　基発1228第16）である。

👥 実務上のポイント

　労働者の健康に関わる何らかの事態が発生した場合、労働者本人や家族への真摯な対応が何より優先されるが、事案によっては、民事訴訟に発展することで財務面や社会的な評判などにおいて莫大（ばくだい）な代償を企業として負うことにもなり得る。

　公法たる労基法等との関係においても、仮に違法な長時間労働が行われていた実態があれば論外だが、先に見たとおり労働時間を把握する義務は使用者、つまり「管理監督者個人」が負っており、長時間労働にまつわる法令違反に対しても「管理監督者個人」の責任が追及され得ることを肝に銘じておかなければならない。長時間労働の問題と健康確保は、人命にも関わる労務管理における最重要テーマの一つである。

13　深夜労働の取り扱い

▶ 管理監督者も含めて深夜時間帯（午後10時～翌日午前5時）における労働時間は適正に記録しておく必要がある

▶ 深夜時間帯が所定労働時間に含まれている場合は別として、健康管理の観点からは、深夜労働は業務上の必要性を適切に見極めた上で、原則として行わせないことを基本とすべきである

基本解説

［1］深夜労働に係る割増賃金と管理監督者の扱い

　深夜労働をさせた場合、割増賃金（2割5分以上）の支払いが必要となるが、この対象には管理監督者も含まれる。労基法では、労働時間、休憩、休日に関する規定を適用しない者として管理監督者が掲げられており（41条2号）、深夜労働に係る割増賃金もこれに含まれるため、一見すると管理監督者には深夜労働に係る割増賃金の支払いを要しないようにもとれる。しかし、法施行当時の通達において、管理監督者も「深夜業についての規定の適用はこれを排除しないこと」（昭22.9.13　発基17）とされている。また、判例でも管理監督者に該当する労働者は「深夜割増賃金を請求することができるものと解するのが相当である」（ことぶき事件　最高裁二小　平21.12.18判決）と判示されている。そうすると、労働時間の適正把握義務の対象から除外されている管理監督者についても、深夜時間帯の労働時間を把握する必要があることとなり、この点は、労働時間の状況を把握する安衛法上の義務とも相まって、適切な管理が求められる。

［2］管理監督者に対する労働時間の状況の把握

　労働時間の状況の把握義務との兼ね合いでは、管理監督者も含むすべての労働者（高度プロフェッショナル制度適用者を除く）について、事業者

50

は、安衛法に基づく「医師による面接指導を実施するなど健康確保のための責務があることなどに十分留意し、当該労働者に対し、過重労働とならないよう十分な注意喚起を行うなどの措置を講ずるよう努めるものとする」とされている[4]。

　また、飲食チェーン店の店長についての管理監督者性が問われた裁判を契機として発出された通達では、「管理監督者であっても過重労働による健康障害防止や深夜業に対する割増賃金の支払の観点から労働時間の把握や管理が行われる」ことから、労働時間の把握や管理を受けていることが「管理監督者性を否定する要素とはならない」と明記されている点も押さえておきたい[5]。

実務上のポイント

　"管理監督者であっても深夜時間帯に業務を行うことを当然のものとは考えていない"という行政側のスタンスは明白である。

　関連する事項として、安衛法に基づく定期健康診断は、「深夜業を含む業務」（安衛則13条1項3号ヌ）に常時従事する者に対して、6カ月以内ごとに1回の実施が事業者に義務づけられている（同規則45条1項）。なお、この「深夜業を含む業務」とは、常態として深夜業を1週1回以上または1カ月に4回以上行う業務である（昭23.10.1　基発1456）。こうしたことからも、深夜業が健康に影響を及ぼす可能性は見過ごせないものであり、深夜時間帯が所定労働時間に含まれている場合は別として、一般の労働者でも管理監督者でも、深夜労働は業務上の必要性を適切に見極めた上で、原則として行わせないことを基本とすべきと考える。

始業前の準備・終業後の後始末

▶実作業時間（一般的には所定労働時間）と接着した前後の時間帯に行われる一定の行為（始業前の準備・終業後の後始末）が労働時間に該当するかどうかが争点となりやすい

▶労基法上の労働時間に該当するか否かの判断は、その行為に対する使用者の具体的指示や社内ルールの有無など、使用者の指揮命令下に置かれている時間と評価し得るかどうかによる

基本解説

［1］作業付帯時間の労働時間該当性

　作業服への更衣や清掃、あるいは後片付けなど実作業時間（一般的には所定労働時間）と接着した前後の時間帯に行われる一定の行為に要する時間（いわゆる作業付帯時間）は、労基法上の労働時間に該当するのだろうか。

　始業前の準備や終業後の後始末は、労働契約に基づく純然たる労務提供そのものではないという意味において、"労働時間ではない"とも考えられる。とはいえ、それらに対する使用者の具体的指示や社内ルールの有無などから、その行為に要する時間が使用者の指揮命令下に置かれている時間と評価し得る場合には、労働時間に当たることとなる（一つの整理の仕方として、［図表2-6］参照）。

［2］判例における考え方

　三菱重工業長崎造船所事件（最高裁一小　平12.3.9判決）では、おおむね次のとおり判示され、作業付帯時間が労働時間に該当するとしている。

図表 2-6 作業付帯時間の労働時間該当性に対する考え方

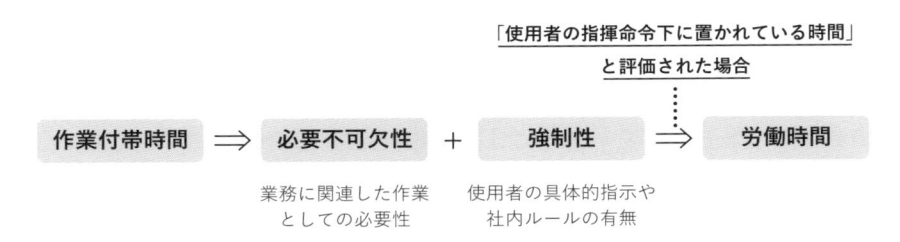

・就業を命じられた業務の準備行為等を事業所内において行うことを使用者から義務づけられ、またはこれを余儀なくされたときは、当該行為は、特段の事情のない限り、使用者の指揮命令下に置かれたものと評価することができる
・当該行為に要した時間は、それが社会通念上必要と認められるものである限り、労基法上の労働時間に該当する
・労働時間の該当性は、就業規則等の定め如何ではなく、使用者の指揮命令下に置かれたものと評価することができるか否かにより客観的に定まる

［3］終業時刻後や始業時刻前の在社時間

　終業時刻後は、残業命令や残業申請といったプロセスを経て（一定のルールの下で）就業しているケースが多いと考えられるが、仮にそうしたルールが曖昧な場合には、速やかな改善を要する。残業命令や残業申請がない場合でも、在勤記録が残っているとすれば、「それは勝手に居残っていたもので業務ではない」といった後々の主張は認められ難い。割増賃金の問題もあるが、指揮命令関係が曖昧な中での残業が、成果にもつながらないような非効率なものとなってしまえば、それは労使双方にとって不幸な結果である。

さらに注意を要するのは、始業時刻前の在社時間である。交通事情や労働者の性格による場合も含め、始業時刻よりも相当早い時間に出勤しているケースは多かれ少なかれ見受けられる。そのようなケースで、業務を開始していないにもかかわらず出勤打刻をしている（労働時間の集計は始業時刻からとなっている）場合には、「打刻時点から労働時間だったのではないか」という疑義が客観的には生じ得る。在社記録の意味合いで打刻しているだけであり、始業時刻までの時間が労働時間ではなかった（労働者の自由裁量による自由任意の時間であった）ということであれば、そのことについての何らかの記録を残しておくべきであるし、業務上の必要があって早く出勤しているのであれば、残業命令・残業申請と同様にしかるべきプロセスを経た上で実施すべきである。

実務上のポイント

　結局のところ、勤怠打刻のタイミングなど労働時間を適正に記録する上でのルールの明確化および認識共有が重要といえる。また、ルールを策定して周知したとしても、時間の経過とともに運用の厳格さが失われていくことは往々にしてあるので、継続的な周知徹底による意識づけを行っていくことが求められる。

15 休憩時間の原則と例外

▶休憩時間は、１日の労働時間が６時間を超える場合には少なくとも45分、
８時間を超える場合には少なくとも１時間を与えなければならない
▶昨今の多様な働き方などを踏まえて、全員一斉での休憩取得が必ずしも現
実的ではないと考える場合は、一部の業種を除いて、事業場ごとに労使協
定を締結する必要がある

基本解説

[１] 休憩時間の付与時間

　休憩時間とは、「単に作業に従事しない手待時間を含まず労働者が権利
として労働から離れることを保障されている時間」（昭22.9.13　発基17）
をいう。１日の労働時間が６時間を超える場合には少なくとも45分、８
時間を超える場合には少なくとも１時間の休憩時間を与えることが必要で
ある（具体的な与え方は［図表2-7］参照）。休憩時間の与え方について
は、①労働の途中に与えること、②事業場ごとに原則一斉に与えること、
③自由に利用させなければならないという自由利用の原則がある。

　ここでいう労働時間とは「実労働時間」を指し、時間外労働も含まれ
る。"労働時間が８時間を超える場合には少なくとも１時間"とされている
ことから、仮に労働時間が10時間になったとしても、１時間の休憩時間
が確保されていれば適法となる。また、休憩時間を分割して与えることも
可能だが、労働の開始前や終了後に付与することはできない。

　とはいえ、１時間はあくまで最低基準なので、労務管理上必要があれ
ば、適宜の休憩を与えることが望まれる。この点に関し、例えば、夜の時
間帯にやむを得ず業務が見込まれる場合、就業規則に定めることで休憩時
間を２時間などとして拘束時間を長くするような対応も一応選択肢とはな

図表 2-7　休憩時間の与え方

〔例①〕 実労働時間が６時間以内であるため、休憩時間は不要

〔例②〕 実労働時間が６時間超８時間以内であるため、休憩時間は最低45分必要

〔例③〕 実労働時間が６時間超８時間以内であるため、
　　　　休憩時間は最低45分必要となるところ１時間としている

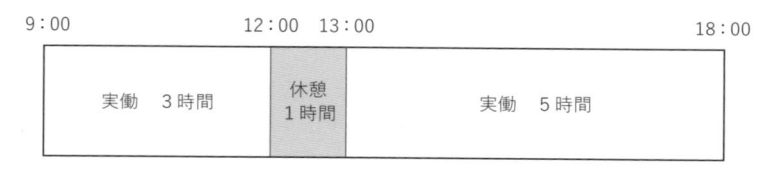

〔例④〕 実労働時間が６時間超８時間以内であるため、休憩時間は最低45分必要
　　　　⇒残業によって実労働時間が８時間超となったため、必要な休憩時間は
　　　　　１時間となり、不足している15分（１時間－45分）の休憩が別途必要

り得る。しかし、結果としてさらなる時間外労働が発生することになれば望ましい在り方とはいえず、一般論として、そもそも2時間の休憩時間が確実に取得できるのかという点も懸念されることから、あまり多用すべき手法ではないと考える。

［2］休憩時間中に電話当番や仕事をした場合

休憩時間の確実な取得という点では、1時間という一般的な設定をしている場合でも注意が必要である。例えば、所定の昼休み時間帯に、当番制で電話対応のために事業所内に残ることを命じているケースも見られる。しかし、休憩時間は"労働から完全に解放されている"必要があり、電話にすぐに対応することが求められている場合は、結果的に電話対応が一度もなかったとしても、"労働から完全に解放されている"状態とはいえず、労基法上の休憩時間には当たらない。

また、電話当番のように明確な形ではないにしても、各人が休憩時間中に仕事をすることも考えられる。この場合、それが業務命令によるものではなかったにしても、管理職としてこれを放置していれば、「黙認した」ということで実質的には労働時間にもなり得る。中には、本人自らの強い意思で仕事をしているケースもあるかもしれないが、注意せずに見逃すのは望ましい対応ではなく、その分の賃金を支払えば済むという話でもない。休憩時間の目的は、労働が一定時間継続することによって労働者に蓄積される心身の疲労を回復させることであり、作業能率の向上や災害防止だけでなく、健康管理の観点からも、休憩時間の確実な取得が管理職としての責務であることを認識してほしい。

［3］休憩時間の一斉付与の原則と例外

休憩時間は一斉に付与することが原則とされている。一斉付与の対象となるのは事業場の全労働者であり、派遣労働者も含まれる。ただし、労使協定によって、①休憩を一斉に与えないこととする労働者の範囲、②当該労働者に対する休憩の与え方を定めた場合には、一斉付与の原則が適用除外となる。なお、この労使協定は事業場ごとに締結する必要がある点に留

意が必要である。

　また、一定の業種（運輸交通業、商業、接客娯楽業など）に限っては、一斉付与が困難であることから労使協定を要することなく適用除外が認められている。

実務上のポイント

　労働時間の途中に1時間の休憩時間を設定した上で、終業時刻直後にも別途休憩時間を設定している例を見ることがある。これは、残業する場合に、その残業が始まる前に休憩時間を挟むという趣旨だろう。労働時間の途中に1時間の休憩時間が与えられていることから、残業する場合でも法律上はそれ以上の休憩時間が不要であるところ、プラスアルファで与えていること自体は望ましいともいえる。

　ただ、このようなケースにおいて、終業時刻直後の休憩時間を労働時間数の集計から除いている場合は問題となる。休憩時間がきちんと確保されていれば何ら問題はないが、現実的には必ずしも確保できるとは限らない。実態として休憩時間が確保されていないにもかかわらず、労働時間数の集計から除かれているとすれば、未払い賃金の発生につながる可能性があるので、注意してほしい。

16 通常の業務遂行とは性質の異なる時間の取り扱い

▶出張先等への移動時間や研修時間など通常の業務遂行とは性質の異なる時間についても、「使用者の指揮命令下に置かれた時間であるかどうか」という観点で労働時間該当性が判断される

▶労働時間としての取り扱いを、あらかじめ整理した上で社内周知することによって、労使間での認識の相違が生じないようにすることが肝要である

📖 基本解説

［1］出張先への移動時間

　出張で仕事の目的地まで赴くための交通機関等による移動時間は、原則として労基法上の労働時間には該当しない。業務へ向かうために拘束されている時間であることは確かだが、基本的に移動時間中は飲食したり本を読んだりするなど自由に過ごせる状態にあるため、使用者の具体的な指揮命令下にあるとはいえず、休憩時間に類似した時間といえる。

　この点、休日の出張に関するものではあるが、「出張中の休日はその日に旅行する等の場合であっても、旅行中における物品の監視等別段の指示がある場合の外は休日労働として取扱わなくても差支えない」（昭23.3.17　基発461、昭33.2.13　基発90）とする通達がある。また、裁判例でも「移動時間は労働拘束性の程度が低く、これが実勤務時間に当たると解するのは困難である」ことから、「直ちに所定就業時間内における移動時間が時間外手当の支給対象となる実勤務時間に当たるとの解釈を導き出すことはできない」（横河電機事件　東京地裁　平6.9.27判決）とされている。

　ただし、機密書類等を出張先へ無事に届けること自体が出張の目的である場合や、使用者からの具体的な指示に基づいて移動中に書類作成等の仕

事をする場合には、移動時間中も業務を行っていると認められるため労働時間に該当する。

［2］所定労働時間内における客先等への移動時間

　所定労働時間中に自社と客先との間あるいは客先間を移動する時間についても、移動時間中の自由利用が保障されている限りにおいて、出張先への移動時間と同様に労働時間に該当しないと考えることができそうである。

　しかし、当日の勤務開始後であり、通常の労務提供との連続性がある中での移動時間だとすれば、この移動時間だけを切り取って「労働時間ではない」と捉えることには疑問がある。この点、訪問介護労働に関する通達では、「訪問介護の業務に従事するため、事業場から利用者宅への移動に要した時間や一の利用者宅から次の利用者宅への移動時間であって、その時間が通常の移動に要する時間程度である場合には労働時間に該当するものと考えられる」（平16.8.27　基発0827001）とされている。そのため、勤務時間中に客先等へ移動する際の時間については、特段の事情のない限り労働時間に該当すると考えて差し支えない。

［3］テレワークにおける移動時間

　例えば、テレワーク勤務において、午前中は自宅等で仕事をし、午後から出勤するケースもある。

　厚生労働省のテレワークガイドライン[6]では、このような勤務時間の一部についてテレワークを行う際の就業場所間の移動時間についての考え方を示している。まず、労働者による自由利用が保障されている場合は、「休憩時間として取り扱うことが考えられる」とされている。一方で、具体的な業務のために急きょオフィスへの出勤を求めるケースなど、使用者が労働者に移動を命じ、その間の自由利用が保障されていない場合は、「労働時間に該当する」としている。

［4］研修時間

　研修に要する時間についても、「労働者が使用者の指揮命令下に置か

ている時間」かどうかによって労働時間該当性が判断される。具体的には、研修と業務との関連性や研修への参加を促す度合い等が判断材料となる。

　例えば、研修内容が業務と密接に関連しており、研修への参加が業務命令によるものであれば、労働時間に該当する。この業務命令は、明示的なものだけでなく、任意参加としつつも参加しない場合に就業規則上の制裁等の不利益な取り扱いがされる場合や、参加しないと事実上業務遂行に支障を来す場合など、間接的なものも含まれる。

　また、資格を要する業務に従事する者が、その資格を取得するために研修等に参加した時間については、原則として労働時間に該当すると考えられる。この点、**11**でも触れた労働時間適正把握ガイドラインでは、「参加することが業務上義務づけられている研修・教育訓練の受講や、使用者の指示により業務に必要な学習等を行っていた時間」を労働時間として扱わなければならないとしている。一方、業務とは直接関連性のないテーマについて、自己啓発を主たる目的として研修等に参加する場合は、あくまで自発的なものである限り、労働時間には該当しないものと考えられる。

［5］安全衛生教育に要する時間

　会社は、労働者を新たに雇い入れたとき、または作業内容を変更したときに、従事する業務に関する安全または衛生のための教育（安全衛生教育）を実施しなければならない（安衛法59〜60条）。この安全衛生教育に要する時間は、「労働時間と解されるので、当該教育が法定時間外に行なわれた場合には、当然割増賃金が支払われなければならない」（昭47.9.18　基発602）とされている。

［6］健康診断に要する時間

　安衛法では、健康診断（一般健康診断および特殊健康診断）の実施を会社に義務づけている（66条1〜3項）。このうち一般健康診断は、「業務遂行との関連において行なわれるものではないので、その受診のために要した時間については、当然には事業者の負担すべきものではな」いが、

「労働者の健康の確保は、事業の円滑な運営の不可欠な条件であることを考えると、その受診に要した時間の賃金を事業者が支払うことが望ましい」（昭47.9.18　基発602）とされている。

　一方で、特殊健康診断は、「所定労働時間内に行なわれるのを原則」とし、「時間外に行なわれた場合には、当然割増賃金を支払わなければならない」としている。

［7］待機時間

　例えば、システムメンテナンスの仕事などで緊急時の呼び出しのために就業時間外の夜間や休日に携帯電話を所持することを命じられるケースがある。実際に呼び出しがあって対応した場合は労働時間であることが明らかであるが、「呼び出しに備えている時間」の取り扱いはどうか。

　緊急の呼び出しに備えているという点では、労働時間とされる「手待時間」に類似しているようにも思える。しかし、会社の敷地内で待機しているわけではなく、就業時間外の夜間や休日におけるものであり、その時間をいかに過ごすかが基本的に労働者の自由であるとすれば、拘束の度合いは通常の業務遂行中における手待時間とは性質を異にするといえよう。

　待機時間については、呼び出しへ対応することへの強制度合いや、実際に呼び出される頻度を勘案して労働時間該当性が判断される。したがって、例えば、自身が呼び出しに対応できなくても代替要員がいたり、呼び出しがあるとしても月に数回程度であったりする場合であれば、労働時間には該当しないと考えられる。

実務上のポイント

　労働時間の取り扱いは、あらかじめ整理した上で社内にも周知することによって、労使間での認識の相違が生じないようにすることが、トラブル防止の観点からも肝要である。

Part 2　参考資料

1　厚生労働省「労働時間の適正な把握のために使用者が講ずべき措置に関するガイドライン」（平29.1.20　基発0120第3）

2　同上ガイドライン

3　厚生労働省「テレワークの適切な導入及び実施の推進のためのガイドライン」（令3.3.25　基発0325第2・雇均発0325第3）

4　「過重労働による健康障害防止のための総合対策について」（平18.3.17　基発0317008、最終改正：令4.3.31　基発0331第31・雇均発0331第4）

5　「多店舗展開する小売業、飲食業等の店舗における管理監督者の範囲の適正化について」（平20.9.9　基発0909001）

6　厚生労働省「テレワークの適切な導入及び実施の推進のためのガイドライン」（令3.3.25　基発0325第2・雇均発0325第3）

Part 3

時間外労働・
休日労働

17 振替休日と代休の違い

▶振替休日と代休は、いずれも法的な制度ではないが、休日の取得による健康確保の観点からも上手に活用したい制度といえる

▶ただし、それら制度の活用方法には誤解も見られることから、本来的な運用を取り違えている結果として割増賃金の未払いが生じているケースもあるので注意が必要である

基本解説

[1] 振替休日と代休の違い

　振替休日と代休は、いずれも法的な制度ではないが、一般的に広く活用されている。振替休日とは、所定の休日と他の勤務日とをあらかじめ振り替えることをいい、代休とは、休日労働を行わせた場合に、その代わりに以後の特定の勤務日における労働義務を免除し、休みを与える制度をいう。両者の違いは［図表3-1］のとおりである。

[2] 割増賃金の取り扱い

　休日の振り替えを行う場合に問題となるのが、割増賃金の支払いである。休日を振り替えていれば通常の出勤と同じということで、割増賃金の支払いは必要ないといった誤解が見られるが、必要がないのは同一週内での振り替えを行った場合に限られる（昭22.11.27　基発401、昭63.3.14　基発150）［図表3-2］。

　振替休日を行うことなく休日に勤務することになれば、36協定で定める時間外労働・休日労働の範囲内で実施する必要がある。その休日労働に対して代わりの休日（代休）を与えることは法的な義務ではないが、健康確保の観点からは与えることが望ましい。なお、代休を与えたとしても休日労働を行ったという実績はそのまま残るので、36協定の内容に抵触し

図表 3-1　振替休日と代休の違い

	振替休日	代　休
定　義	事前に手続きをして、所定の休日を他の労働日と交換すること ⇒休日労働にはならない	所定の休日に労働させ、事後に代わりの休日を与えること ⇒休日労働を行った実績はそのまま残る
要　件	①就業規則等に規定を設けておくこと ②振り替える休日は事前に特定すること ③1週1日または4週4日以上の休日が確保できる範囲内で行うこと	代休を付与する条件や賃金の取り扱い等について、就業規則等へ記載すること
休日の単位	暦日単位での休日と労働日の交換であることから、振り替えた休日も暦日でなければならない	事後的に付与される休日であるため（義務的な付与ではないため）、暦日でなく例えば半日ということでも構わない
割増賃金の支払い	（同じ週内で休日を振り替えた場合）振替出勤日に通常の賃金を支払えばよく、割増賃金を支払う必要はない （週をまたいで休日を振り替えた場合）週の法定労働時間を超えて労働させた時間については、時間外労働に係る割増賃金の支払いが必要	休日出勤日に割増賃金の支払いが必要。代休日に賃金を支払うかどうかは就業規則等の規定による

ないように留意しなければならない。

［3］休日の取得期限

　振替休日にしても代休にしても、休日を取得する期限をどのように設定するかという問題がある。この点、そもそも法律上の制度ではないため、休日の取得期限についての明確な決まりはないが、労基法37条3項における時間外割増賃金の支払いに代わる代替休暇の付与期間が「法定時間外

図表 3-2　振替休日と割増賃金との関係

〔例①　同一週内での振り替え〕

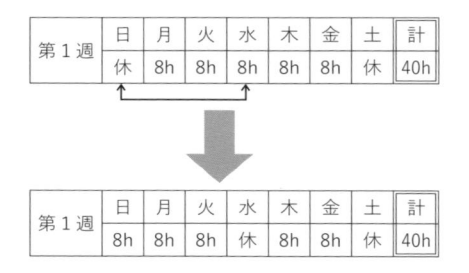

第１週	日	月	火	水	木	金	土	計
	休	8h	8h	8h	8h	8h	休	40h

第１週	日	月	火	水	木	金	土	計
	8h	8h	8h	休	8h	8h	休	40h

- -

〔例②　週をまたいでの振り替え〕

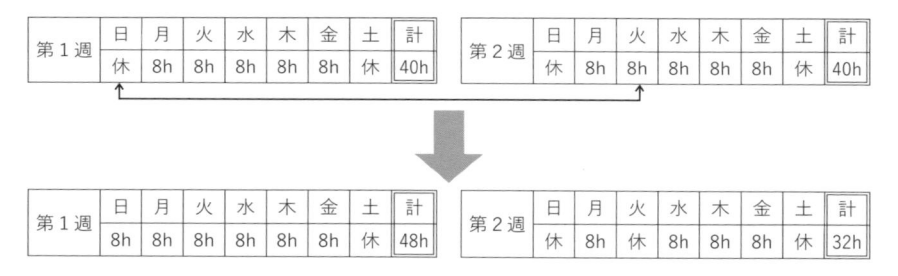

第１週	日	月	火	水	木	金	土	計
	休	8h	8h	8h	8h	8h	休	40h

第２週	日	月	火	水	木	金	土	計
	休	8h	8h	8h	8h	8h	休	40h

第１週	日	月	火	水	木	金	土	計
	8h	8h	8h	8h	8h	8h	休	48h

第２週	日	月	火	水	木	金	土	計
	休	8h	休	8h	8h	8h	休	32h

※週をまたいで休日を振り替えた結果として、週の労働時間が40時間を超える場合には、時間外労働に対する割増賃金が発生する（フレックスタイム制の場合を除く）。

労働が１カ月60時間を超えた月の末日の翌日から２カ月間以内の期間」とされていることなどを参考に、１～２カ月程度の期限を設定するのが一つの目安になるだろう。いずれにしても、社内で明確なルールを設けておくべきである。

　なお、振替休日に関しては「振り替えるべき日については、振り替えられた日以降できる限り近接している日が望ましい」（昭23.7.5　基発968、昭63.3.14　基発150）とされていることにも留意が必要である。

当該解釈例規によれば、振り替える休日は出勤日となった労働日よりも後に来なければならないようにも読めるが、これはあくまで"近接した日が望ましい"という趣旨であって、振り替えた休日が事前であっても問題はないと解されている。

[4] **休日の取得単位**

　振替休日は労基法35条の趣旨に鑑み、運送業や旅館業など一部の業種を除き、暦日（午前 0 時〜午後12時）の休業と解すべきとされている（昭23.4.5　基発535）。休日と労働日の交換であることからも、法定休日の振り替えに関しては暦日単位で付与しなければならず、半日や時間単位での付与はできない。なお、法定外休日の振り替えについてはこうした規制はないが、就業規則等での規定が必要となる。代休に関しては、事後に与えるものである（義務的な付与ではない）ことから、就業規則等での規定をもって半日や時間単位での付与も可能である。

実務上のポイント

　振替休日と代休とでは、以上見てきたような違いがあるわけだが、社内で慣習的に使ってきたいずれかの用語に基づいて、両者の違いを意識せずに運用している例も少なからず見受けられる。割増賃金の支払いにも関わることなので、改めて社内の運用状況を確認してもらいたい。

18 適法な時間外労働・休日労働とは

▶労基法では、法定労働時間を１週40時間、１日８時間（休憩時間を除く）と定めており、それを超える労働は罰則付きで禁止している

▶変形労働時間制を採用している場合を除いて、法定労働時間を超える労働は労基法の要件にのっとった上で認められる、あくまで例外的な取り扱いである

📖 基本解説

［１］時間外労働・休日労働の位置づけ

　労基法における労働時間の上限（法定労働時間）は、１週40時間、１日８時間であり（休日は少なくとも週１回の確保）、それを超える労働は罰則付きで禁止されている。この大原則の例外として時間外労働・休日労働が適法に認められるのは、時間外労働・休日労働に関する労使協定（36協定、労基法36条）に基づく場合および災害等で臨時の必要がある場合（同法33条１項）の二つのみである。いずれの場合も厳格な手続き要件が課されており、当該手続きを確実に履行することはもとより、そもそも時間外労働・休日労働はあくまで例外的な取り扱いであるという認識が重要である。ここでは36協定の手続き面に関するポイントに触れておく。

［２］36協定の締結・届け出

　労基法を遵守する上では、法に規定された手続きを厳格に履行することが非常に重要である。とりわけ36協定の締結・届け出は、法定労働時間の例外的扱いという極めて重大な効力を生じさせるものであると認識しなければならない。協定事項などの詳細は本書では割愛するが、言うまでもなく労使間の協定であるので、毎年の締結手続きが漫然とした機械的なものとならないよう、限度時間の設定などについて十分な労使協議が尽くさ

れるべきである。

［3］36協定の締結当事者

　36協定が有効なものとなる上で、協定の締結当事者が適正かどうかも重要な点である。一般的には、使用者側の締結当事者は法人の代表者になるが、協定の締結は企業単位ではなく事業場単位であり、代表者から権限を委譲されている支店長や工場長なども締結当事者になり得る。

　使用者側の締結当事者としての適正性は問題となりにくいが、注意すべきは労働者側、つまり「労働者の過半数で組織する労働組合がある場合においてはその労働組合、労働者の過半数で組織する労働組合がない場合においては労働者の過半数を代表する者」である。

　労働組合であれば明白だが、近年増えているのは、労働組合の組合員資格を持たない非正規労働者の増加等によって、組合員が事業場の過半数に満たないケースである。その場合には、いかに他の事業場における協定の締結当事者が労働組合であるとしても、当該事業場では労働組合が締結当事者としての要件を満たさないこととなるため、「労働者の過半数を代表する者」（以下、過半数代表者）を選出する必要がある。過半数代表者の要件は労基則6条の2第1項に規定されており、次のとおりである。

①労基法41条2号に規定する監督または管理の地位にある者（いわゆる管理監督者）でないこと
②法に規定する協定等をする者を選出することを明らかにして実施される投票、挙手等の方法による手続きにより選出された者であって、使用者の意向に基づき選出されたものでないこと

　このうち問題となりやすいのは②であり、不適切な事例としては［**図表3-3**］のようなものが挙げられる。

図表 3-3　過半数代表者選出の不適切な事例

①36協定の締結や就業規則の意見聴取など、過半数代表者の選出が必要となる都度選出が行われておらず、同一の従業員がなんとなく過半数代表者になり続けている

②事業場の過半数の信任を得るプロセスにおいて、「意見のある人はメールでご連絡ください」、「特に意思表示がなければ信任したものとみなします」などとして、信任するのか不信任なのかの明確な確認を行っていない

③過半数代表者を会社側が指名している

④誰が過半数代表者なのかを知らない従業員が多く存在する

実務上のポイント

　前ページの過半数代表者の要件②は、要するに民主的な方法によって過半数代表者が選出されることを求めるものだが、このことがなぜ重要であるかは労使協定の性質を考えてみれば明らかである。すなわち、労使協定というものは、事業場の過半数の意思を尊重して、その締結（および行政官庁への届け出）がなされることで法律の原則を緩めた弾力的な取り扱いを認めるものであって、そのような例外を認めるからには厳格な運用がなされてしかるべきといえる。

　したがって、いかに形式的に労使協定が整えられていたとしても、その根本にある過半数代表者の選出が適切に行われていなければ、労使協定自体が無効と判断されかねない。選出手続きは管理監督者などの使用者が介入するところではないが、事業場で誤った運用が行われないよう気に掛けてもらいたい。

19 36協定と時間外労働の限度時間

▶ 36協定は厳格に運用しなければならない。協定に定められた時間外労働の限度時間の遵守は絶対であり、違反は1人たりとも許されない

▶ 労働時間の管理は、労働者の健康・生命に関わる問題であり、部下の労働時間の状況に対して日頃から目を配ることが重要である

📖 基本解説

［1］時間外労働の上限規制

36協定における限度時間は、もともとは労働省告示で定められていたところ、2019年4月施行の改正労基法からは罰則付きで本則に規定されることとなったという経緯がある。これにより法令に根拠を持つ明確な限度時間としての位置づけとなり、1カ月について45時間（対象期間が3カ月を超える1年単位の変形労働時間制の対象者の場合には42時間）、1年について360時間（同320時間）とされた。

［2］36協定の特別条項

また、臨時的な特別の事情によって時間外労働が限度時間内に収まらないことが見込まれる場合、労使協定に特別条項を設けることが認められている。この特別条項に基づいて、一定の要件の下に一定範囲で限度時間を超える時間外労働を行わせることが可能となる（特別条項による労働時間の上限については **20** 参照）。そこで、「今月は限度時間を超えそうだから特別条項を使おう」と安易に考えてしまう向きもあるようだが、特別条項が使えるのはあくまで協定に定めている「特別の事情」が生じた場合である。協定で定めた特別の事情が生じていないのであれば、いかに繁忙で限度時間を超えてしまいそうだといっても、そもそも特別条項は使えない。あくまで「特別」なものという認識が必要であることはもとより、特別条

項をいかなる内容で定めるのかについて十分に検討する必要がある。

［3］特別条項を発動する際の手続き

　加えて注意を要するのが、特別条項を発動する際の手続きである。特別条項を発動する際には、協定締結当事者間で事前の手続きを踏むことが必須となる（手続き内容も36協定に定める）。さらに手続きはそれを行うだけでなく、「労使当事者間においてとられた所定の手続の時期、内容、相手方等を書面等で明らかにしておく必要がある」（平30.9.7　基発0907第1、令3.9.15　基発0915第2）とされていることも考慮しつつ、手続き方法について労使間の合意形成を図っていく必要がある。特別条項を適切に設定している場合でも、健康障害のリスクを踏まえ、労働基準監督官の臨検においては、時間外労働・休日労働を1カ月当たり45時間以内とするための具体的方策の検討および報告を求められることも珍しくない。労働基準監督官に言われたから対応するということではなく、時間外労働・休日労働があくまで例外的なものであるという認識の下、削減に向けた日頃からの地道な取り組みが肝要である。

実務上のポイント

　36協定に基づく時間外労働・休日労働は、ほとんどの企業で必要と思われるが、36協定に関する実務が機械的な運用に陥ってしまうことで、「36協定を締結して届け出ておけばよい」あるいは「36協定に定めている限度時間を超えなければよい」といった具合に、日々の管理が漫然となることは絶対に避けてほしい。36協定違反は1人たりとも許されるものではなく、労働者の健康・生命に関わる問題であり、管理職として部下の労働時間の状況に対して日頃から目を配ることが重要である。

20 時間外労働の上限規制

▶時間外労働の上限規制として労基法に規定された「1カ月100時間未満かつ2〜6カ月平均80時間以内」は、労働者一個人に対する絶対的上限である

▶副業・兼業や出向など他社で就業しているケースでは、当該他社での労働時間も把握した上で上限規制を遵守する必要がある

📖 基本解説

2018年6月に成立した"働き方改革関連法"の本丸として、時間外労働の上限規制が改正労基法により罰則付きで設けられることとなった（2019年4月施行）。部下の労働時間管理を行う上では必須の知識であるため、詳細に解説する。

[1] 労働者一個人に対する絶対的上限

上限規制の導入により、36協定を締結した場合でも、特別条項の有無にかかわらず、時間外労働時間数と休日労働時間数の合計を1カ月100時間未満かつ2〜6カ月平均80時間以内とすることが、いわば絶対的上限となった（労基法36条6項）。

「特別条項の有無にかかわらず」とあえて述べているのは、法改正前は36協定違反が生じていないかを見る上で、休日労働は基本的に回数の問題であったが、法改正後の絶対的上限規制では休日労働時間数も含めて考えるようになったことが関係する。要するに、特別条項を発動していない場合でも、休日労働時間数が多いことで絶対的上限に抵触し得るということである。

この絶対的上限は、労働者一個人に対する規制であることにも注意を要する。36協定における月45時間や年360時間といった限度時間は、36協定

が適用される事業場ごとに考えればよい。一方で、絶対的上限は健康管理の観点から一個人に対して適用されるものであるため、兼業のように複数の事業場で就労しているのであれば、労基法38条１項の規定に基づいて各勤務先での時間外労働・休日労働時間数を通算し、その時間数が絶対的上限を超えないようにしなければならない。

　また、36協定における延長することができる時間数（法定労働時間を超えて労働させることができる時間。休日労働時間を含まない）は、「１日」「１カ月」「１年」についてそれぞれ定めることとされ、延長することができる時間は労基法に定められた限度時間を超えないものとしなければならない。１日については労基法上の上限がないが、15時間（24時間－８時間－休憩１時間）が事実上の上限となる。

　なお、特別条項を発動する場合の上限時間は、１カ月100時間未満（休日労働時間数を含む）かつ１年720時間以内（休日労働時間数を含まない）であり、特別条項を発動できるのは１年について６カ月以内である（同法36条５項）。

［２］「１カ月100時間未満かつ２〜６カ月平均80時間以内」とは

　絶対的上限の「１カ月100時間未満」というのは、１カ月の時間外労働時間数と休日労働時間数の合計を見ればよいので、比較的分かりやすい話であろう。一方の「２〜６カ月平均80時間以内」というのは、「対象期間の初日から１箇月ごとに区分した各期間に当該各期間の直前の１箇月、２箇月、３箇月、４箇月及び５箇月の期間を加えたそれぞれの期間における労働時間を延長して労働させ、及び休日において労働させた時間の１箇月当たりの平均時間」（労基法36条６項３号）を80時間以内とすることであり、図示すると［図表3-4］のとおりである。

　［図表3-4］は、８月までの勤怠が締まっていて同年９月が始まろうとしているタイミングだと見ていただきたい。まず、過去を振り返ることとなり、２カ月平均（７〜８月）、３カ月平均（６〜８月）、４カ月平均（５〜８月）……と、６カ月平均までさかのぼり、それらすべての平均が80

図表 3-4 2〜6カ月平均 80 時間以内の考え方

－時間－

	4月	5月	6月	7月	8月	9月	10月	11月
時間外労働時間数	45	50	60	40	80			
休日労働時間数	0	30	20	30	0			
特別条項 ※時間外労働の月45時間超 は年6回まで		発動 1回	発動 2回		発動 3回			
時間外労働時間数の累計 ※年720時間以内	45	95	155	195	275			
時間外労働時間数＋ 休日労働時間数の合計 ※月100時間未満	45	80	80	70	80			

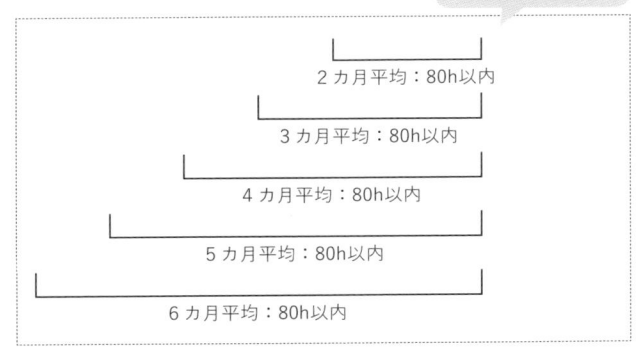

2カ月平均：75h

3カ月平均：76.6h

4カ月平均：77.5h

5カ月平均：71h

①過去の実績が要件を満たしているかの確認

②過去の実績を踏まえて、将来可能となる時間外・休日労働時間数の算出

2カ月平均：80h以内

3カ月平均：80h以内

4カ月平均：80h以内

5カ月平均：80h以内

6カ月平均：80h以内

時間以内であることが求められているわけである。先にも触れたとおり「特別条項の有無にかかわらず」であるため、基本的には毎月確認することとなる。また、この2～6カ月平均は36協定の対象期間（1年間）内に限ってのものではなく、対象期間の起算日をまたぐ場合も含まれる。

　以上は時間外労働・休日労働の実績に基づいた話であるが、実務的にはこれだけでなく、もう一つの視点として将来を見る必要がある。つまり、[図表3-4] でいえば8月までの時間外労働・休日労働の実績を踏まえて、9月に行うことができる時間外労働・休日労働は何時間以内かあらかじめ把握しておかなければ、"出たとこ勝負"になってしまい、法令遵守の実現性に疑問符が付くと言わざるを得ない。

実務上のポイント

　「2～6カ月平均」という考え方は、もともとは脳・心臓疾患の労災認定において長時間労働と健康障害の因果関係を判断する際に用いられていた手法であり、健康管理の観点から36協定の規制にも採り入れられることとなった。上限規制の導入以前から、労基法における労働時間の規制は労働者の健康・生命に関わる極めて重要な意味を持つものである。労働時間の抑制を目指した生産性向上の施策などは一朝一夕に実現できるわけではなく、労働者個々人の特性なども踏まえた上で、適切な業務配分などに目を配っていくことが求められる。

21 時間外労働・休日労働命令の根拠と命令違反

▶ 災害等で臨時の必要がある場合を除き、時間外労働・休日労働を命じる前提として36協定の締結・届け出が必要

▶ 締結・届け出は時間外労働・休日労働を適法なものとするために必要な手続きであり、これをもって労働者に対して当然に時間外労働・休日労働を命じられるわけではない。就業規則に根拠規定を置くことが必要となる

📖 基本解説

［1］ 時間外労働・休日労働命令の根拠と適法性

　36協定を締結し、所轄労働基準監督署長に届け出ておけば、その範囲内で時間外労働・休日労働を命じられるかといえば、そういうことにはならない。36協定の締結および届け出は、法定労働時間を超えて働かせた場合に科せられる罰則を免れる効果を得るという、いわば外向きの話であり、適法な時間外労働・休日労働命令の前提となる手続きとして必要ではあるものの、労働者に対して時間外労働・休日労働を命じる直接の根拠とはならない。つまり、36協定とは別に時間外労働・休日労働を行う労働契約上の根拠が必要であり、これは「会社は業務の都合によって従業員に時間外労働・休日労働を命ずることがある」旨を就業規則等に規定することで満たされることになる［図表3-5］。

図表 3-5 ▶ 時間外労働・休日労働命令までの流れ

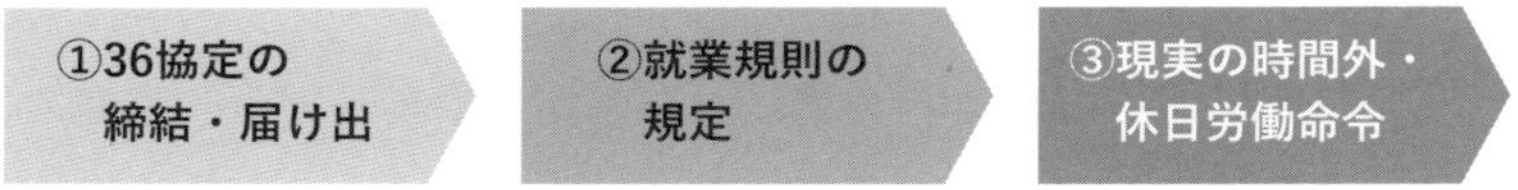

①36協定の締結・届け出 ▶ ②就業規則の規定 ▶ ③現実の時間外・休日労働命令

[2] 時間外労働・休日労働命令に関する裁判例

　判例でも、36協定を締結し、これを所轄労働基準監督署長に届け出た場合、使用者が当該事業場に適用される就業規則に当該36協定の範囲内で一定の業務上の事由があれば労働契約に定める労働時間を延長して労働者を労働させることができる旨定めているときは、当該就業規則の規定の内容が合理的なものである限り、それが具体的労働契約の内容をなすから、労働者は労働契約に定める労働時間を超えて労働する義務を負うとしている（日立製作所武蔵工場事件　最高裁一小　平3.11.28判決）。なお、労基法15条1項および労基則5条に基づき、「所定労働時間を超える労働の有無」を書面の交付によって明示しなければならない。

　このようにして時間外労働・休日労働を命じる根拠が整った上での残業命令がなされた場合には、労働契約関係の中では労働者としても当該命令に応じる義務があるが、当然ながら業務上の必要性に基づいた命令であることが前提となる。就業規則においても「時間外労働・休日労働を命ぜられた場合は、正当な理由がなければこれを拒むことはできない」と規定していることが多いが、時間外労働・休日労働命令に応じられない正当な理由として、例えば本人の病気や家族の看護・介護といった労働者側のやむを得ない事情などがある場合には、使用者の命令が権利濫用として無効となる場合がある（トーコロ事件　東京高裁　平9.11.17判決）。一方、使用者側にとって業務上重要かつ緊急の必要性があり、労働者側にさしたる理由もないときは、時間外労働・休日労働命令を労働者が拒否することは業務命令違反となる。

実務上のポイント

　時間外労働・休日労働命令が適法に行われることはもちろん必須であるが、現実問題として部下に納得感を持って時間外労働・休日労働命令に応じてもらうためにも、日頃からの適切な業務指示や業務配分、家庭の状況も含めた部下への目配りがより重要である。

22

上司が黙認している時間外労働／部下が無断で行う時間外労働（持ち帰り残業）

▶ 部下が適切な範囲での自己判断と裁量を持って業務を進めることは望ましい面もあるが、時間外労働を黙認している場合に、割増賃金を支払えばそれでよいという話ではない

▶ 時間外労働は労働契約で当然に約束しているものではないため、使用者による命令や労働者からの申請を受けての承認など、適切なプロセスを踏むべきである

基本解説

［1］ 現場で見られるNGケース

　時間外労働は、使用者からの残業命令に基づいて行われることが通常だが、社内の運用次第では、労働者からの残業申請に対して使用者が承認するといったフローになっているケースもあり、そもそも命令がなされないで残業を行っている状況が発生する可能性がある。また、労働者が自らの判断で行っている残業に対し、使用者側がその管理を怠り、結果的に黙認しているケースも見られる。

［2］「黙示の残業命令」による労働時間

　労働者が自らの判断で行っている残業でも、実態として残業せざるを得ない業務量があって、それを使用者が黙認しているといった事情があるとすれば、労働者に対する黙示の命令があったものとして時間外労働に当たる（労働時間である）とされる可能性が高い［図表3-6］。

［3］ 持ち帰り残業は労働時間か

　労働者が自己の判断で仕事を自宅に持ち帰るような場合（いわゆる「持ち帰り残業」）、時間的・場所的な拘束を受けておらず、また使用者の指揮監督が及んでいないため労働時間には該当しない。ただし、上司等が持ち

図表 3-6 黙示の残業命令に関する主な裁判例

事 件 名	裁 判 所 裁判年月日	概　　　要
京都銀行事件	大阪高裁 平13.6.28 判決	始業時刻前における金庫の開扉等の業務は男子行員のほとんどが出勤していたことから、黙示の指示により行われていたとされ、早朝に行われた会議は事実上出席が義務づけられていたことにより、労働時間とされ、終業時刻後も多数の男子行員が業務に従事していたことから、少なくとも午後7時までは、黙示の指示による労働時間と評価できるとされた事例
ピーエムコンサルタント（契約社員年俸制）事件	大阪地裁 平17.10.6 判決	使用者の具体的な時間外勤務の命令がなかったとしても、勤務時間に関する「整理簿」が提出され、上司もこれを確認し、時間外勤務を知りながらこれを止めなかったというべきで、少なくとも黙示の時間外労働命令が存在していたとされた事例
H会計事務所事件	東京地裁 平22.6.30 判決	所定時間内で処理することは到底できない業務量であることを使用者は自認していたものであり、使用者側で労働者の執務ぶりを把握することが本来容易であること等からすれば、当該労働者が著しい時間外労働をしていたことを使用者は十分に認識していた、あるいは認識できたものとして、当該労働者の時間外労働は使用者の黙示の命令の下でなされたものであるとされた事例
デンタルリサーチ事件	東京地裁 平22.9.7 判決	業務の大半を当該労働者が1人でこなしていたなどの事情から、使用者において時間外労働・休日労働を行うことが少なくとも黙示的には承認されていたとして黙示の業務命令に基づき行われていたと認めるのが相当とされた事例

帰り残業を承知しながら黙認しているような場合、あるいは課されている業務量からして持ち帰り残業等を行わざるを得ないような状況にありながら会社が何ら対応をせず黙認しているといった事情があれば、労働時間に該当する可能性もある。

実務上のポイント

　黙認している残業にしても持ち帰り残業にしても、労働時間に該当すると判断される場合に割増賃金を支払えばそれでよいという単純な話ではない。部下が適切な範囲での自己判断と裁量を持って業務を進めることには望ましい面ももちろんあるが、時間外労働は労働契約で当然に約束しているものではないため、労働時間の適正把握の観点からも、上司による命令や部下からの申請を受けての承認など、適切なプロセスを踏むべきである。持ち帰り残業についても、そうしたことが起こる根本的な原因として日頃の業務管理やコミュニケーションが不十分であることも考えられ、結果として部下が職場への不満を募らせることにつながらないように留意が必要である。

23 災害等で臨時の必要がある場合の時間外労働・休日労働

▶ 36協定の締結・届け出以外では、災害等で臨時の必要がある場合に時間外労働・休日労働が適法に認められる

▶ この場合、原則として事前に所轄労働基準監督署長の許可を受ける必要があるが、事態急迫のために許可を受ける時間的余裕がないときは、事後に遅滞なく届け出る

基本解説

　災害等で臨時の必要がある場合には、36協定の締結・届け出によるものとは別枠で、時間外労働・休日労働が認められる（労基法33条1項。このほかに、公務のために臨時の必要がある場合も認められるが、詳細は割愛する）。手続きは、原則として事前に所轄労働基準監督署長の許可を受ける必要があるが、事態急迫のために許可を受ける時間的余裕がないときは、事後に遅滞なく届け出ることになる。

　この取り扱いに関しては、直近で令和6年能登半島地震に際して厚生労働省からQ&Aが発出されており、[図表3-7] では記述2点を抜粋する。

実務上のポイント

　基本的な考え方として、労基法33条1項が適用されるのは、災害等による臨時の必要性という突発的な事態へ対応する場合であって、地震等の災害が根底の原因としてあるにしても、今後随時発生するかもしれない復旧や復興に際しての時間外労働・休日労働については36協定で対応する必要がある。管理職としては、これらの知識を踏まえて緊急対応に当たることが求められる。

図表 3-7　令和6年能登半島地震に関するQ&A

　労働者に時間外労働・休日労働をさせる場合には、原則として、36協定を締結し、労働基準監督署に届け出ることが必要ですが、災害その他避けることのできない事由によって、臨時の必要がある場合には、36協定を締結することなく、労基法第33条第1項により、法定労働時間を延長して、又は法定の休日に働かせることができます。この場合も、時間外労働・休日労働や深夜労働の割増賃金を支払う必要があります。

　労基法第33条第1項に基づき時間外や休日に労働者に労働させる場合、労働基準監督署長の許可が必要ですが、事態急迫のため許可を受ける暇がない場合は、事後に遅滞なく届け出なければなりません。

　許可の対象となるかは許可基準（令和元年6月7日付け基発0607第1号）に基づき、個別具体的に判断されます。

- -

　労基法第33条第1項は、災害その他避けることのできない事由によって、臨時の必要があると認められる場合において対象となることから、災害の復旧・復興工事の段階によって適用可否が異なると考えられます。

　まず、災害復旧工事のうち、例えば、自治体等からの要請によって緊急的に機能回復を図るために実施される、瓦礫撤去や、応急的な補強、破損した施設の代替施設や仮設住宅の設置（工事に先立って行われる測量調査や設計も含む）などの工事は、一般に人命や公益の確保の観点から急務であると考えられます。

　そのため、これによって既に締結された36協定で協定された限度時間を超えて労働させるなどの臨時の必要がある場合には、労基法第33条第1項の許可基準を満たすことから、その必要の限度において労基法第33条第1項の対象となります。

　一方、緊急的な機能回復がある程度完了した段階で発注される、被災した施設を原形に復旧する工事や復旧の一環として再度の災害を防止するなどの工事であって、人命や公益の確保の観点から急務でないものは、労基法第33条第1項の対象とはなりません。

　また、復興事業段階の工事は、通常は臨時の必要性が認められるものとは考えられないことから、労基法第33条第1項の対象とはなりません。

資料出所：厚生労働省労働基準局「令和6年能登半島地震に関するQ&A（労働基準法第33条第1項等関係）」（令6.1.10、最終更新：令6.3.25）を一部抜粋

Part 4

年次有給休暇

24 休日、休暇、休業の概要

▶ 休日、休暇、休業のいずれも、労働しなくてよい日という意味では同じといえるが、もともと労働義務があった日か否かという点で違いがある
▶ 労働義務の有無は所定労働日数のカウントや給与の時間単価に影響するので、とりわけ休日と休暇のいずれに該当するのかは、就業規則で明らかにしておく必要がある

基本解説

［1］休日＝労働義務がない日、休暇＝労働を免除された日

　休日、休暇、休業のいずれも、労働しなくてよい日という意味では同じといえるが、厳密には、休日は、もともと労働義務が課せられていない日である一方、休暇は労働義務のあった日について労働を免除された日である。その点では、産前産後休業、育児休業、介護休業なども休暇の一種ということになる［図表4-1］。

図表 4-1　休日、休暇、休業の違い

休　日	そもそも労働義務がない日
休　暇	本来は労働義務のある日だが、労働者の申請により会社が労働の義務を免除する日
休　業	労働義務があるが、何らかの事情で労働できない日＝労働義務を免除する日

［2］休日・休暇の違いが割増賃金に影響する

　実務上では、同じ「休みを与える」といっても年間所定労働日数のカウントにおいて両者の違いが生じることになり、結果として給与の時間単価（特に割増賃金との関係）にも影響する。年間所定労働日数は「365（366）日－年間休日日数」によって求めるが、この計算式を見て分かるように休暇日数は年間所定労働日数に何ら影響しない。そして、割増賃金を算出する際の時間単価の求め方は、月給制で月によって所定労働時間が異なる場合には月額賃金を「1年間における1カ月の平均所定労働時間数」で割ることとされている（労基則19条1項4号）。この「1年間における1カ月の平均所定労働時間数」は、1日の所定労働時間に年間所定労働日数を乗じて12で割ることによって求められる。

　以上のとおり、休日と休暇（休業を含む）とでは同じ休みといっても意味合いが大きく異なる。例えば、割増賃金の算出における時間単価のことを考慮しながら、年間所定労働日数を調整しようとした場合（労働条件の不利益変更の問題はここでは論じない）、休暇日数をいくらいじっても意味はなく、休日日数の増減が必要となるわけである［図表4-2］。

図表 4-2 休日日数と時間単価の関係

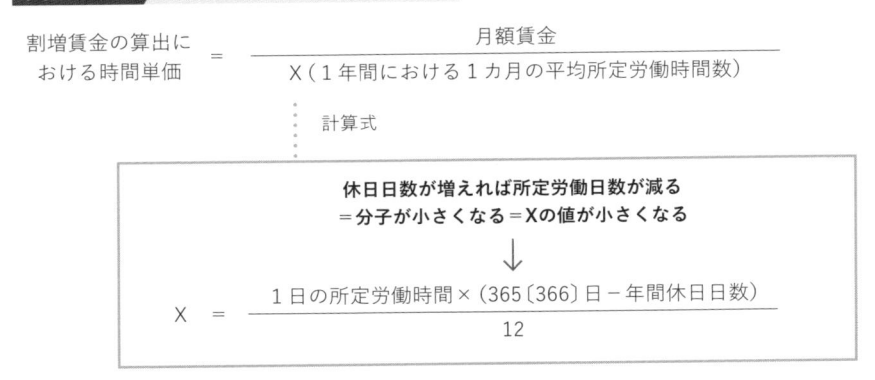

　ある休みが休日と休暇のいずれに当たるかという判断は、（年次有給休暇や子の看護休暇といった法定休暇は別として）就業規則等の定めによることになる。例えば、夏休みのケースで7～9月までの間で各人の業務の都合に合わせて5日間の休みを取ってよいとしていて、結果的に4日しか休みが取れなかった場合には残りの1日は権利消滅として取り扱うことがある。これは、本来は労働日であるところを業務の都合次第で休めれば最大5日間休んでよいとするものであり、休めなかった場合には権利消滅としていることからも、労働義務のあった日について労働を免除していると解される。つまり、「休暇」に当たるものである。

　ところが、実際の運用からすれば休暇に当たるにもかかわらず、就業規則では「休日」として規定されていることがある。もしこれが「休日」だとすれば、もともと労働義務がない日なのだから、その日は休ませる必要がある。指定された日に休めずに出勤したとすれば、それは休日労働となり、就業規則の定めに従って所定の割増賃金を支払うことになるという点にも留意が必要である。

25 年次有給休暇の概要

▶年次有給休暇は、法定休暇の代表格として健康管理の観点からも非常に重要な意味を持つ休暇である
▶取得率を向上・維持していくことは継続的な課題であり、人材確保の観点からいえば、例えば法定の付与日数以上を与えたり、初回の年休を入社日と同時に付与したりといった工夫も考えられる

基本解説

　年次有給休暇（以下、年休）は、法定休暇の代表格として健康管理の観点からも非常に重要な意味を持つ。使用者による年休の時季指定義務（27参照）と相まって、正しい認識の下での適切な運用が求められている。

［1］年休の付与単位

　労基法39条1項に「10労働日」とあるとおり、年休は原則として「労働日」を単位として付与するとされており、「労働日」は「日」ということで「1労働日」は「1日」、つまり暦日を意味する。なお、半日単位での年休の請求に対して「使用者は労働者に半日単位で付与する義務はない」（昭24.7.7　基収1428、昭63.3.14　基発150）とされているのも暦日単位の考えに基づくものであるが、法律上の義務がないというだけであって、半日単位の付与を認めることは差し支えないと解されている。

　半日単位での付与を認める場合、半日単位で付与できる旨を就業規則等で定めなければならないが（もちろん、暦日単位での付与しか行わない場合でも、就業規則等には年休に関する定めが必要である）、その際には労働義務が免除される半日がどの時間帯であるのかについても明らかにしておく必要がある。仮に午前と午後とで分ける場合、時間帯の長さが異なる

こと自体は特に差し支えない。また、半日単位で付与できる年休の日数に上限を設けることも可能である。

　以上のとおり、年休は労働日単位での付与が原則であるが、仕事と生活の調和を図る観点から年休を有効に活用できるよう、労使協定の締結を要件として5日分に限って時間単位での付与が認められている。時間単位年休は、制度の導入が法的に義務づけられているものではなく、導入するかどうかはあくまで労使の判断による。なお、労使の合意に基づいて制度を導入する場合、就業規則等の定めが必要であることは先と同様である。

［2］年休の権利発生要件

> ・入社から6カ月間の継続勤務、以後1年ごとの継続勤務
> ・継続勤務を要する期間における全労働日の8割以上の出勤

　以上の二つの要件を満たすことで、労働者には権利として所定の年休日数が付与されることになり、労働者が年休を使いたいときには、その取得時季を指定して会社に申し出ればよい［図表4-3］。なお、年休の権利が発生する日を「基準日」という。

　権利発生のための一つ目の要件が一定期間の継続勤務であるが、通達によれば「継続勤務とは、労働契約の存続期間、すなわち在籍期間をいう」（昭63.3.14　基発150）とされている。つまり、現実の労務提供がなかったとしても、会社との労働契約が継続していれば継続勤務に該当することになり、「継続勤務か否かについては、勤務の実態に即し実質的に判断すべきもの」（前掲通達）となる。

　もう一つの権利発生要件である全労働日の8割以上の出勤における「全労働日」とは、労働義務が課せられている日であるため、休日は含まれない。8割以上出勤したかどうかの計算に当たっては、①業務上災害による休業期間、②産前産後の休業期間、③育児休業・介護休業の期間、④年休を取得した期間は出勤したものとして取り扱う必要がある。

　なお、慶弔休暇など会社が任意で定める特別休暇の取得日について、出

図表 4-3 年休の時季指定

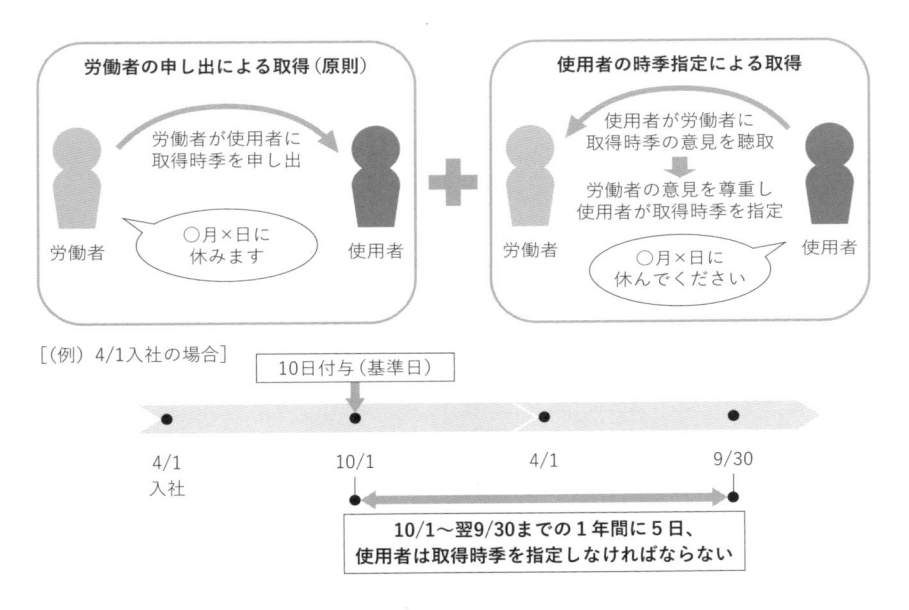

[（例）4/1入社の場合]

資料出所：厚生労働省「年次有給休暇の時季指定義務」を一部改変

勤したものとみなすかどうかは就業規則等の定めによる（労基法68条の生理休暇、育介法16条の2の子の看護休暇〔2025年4月以降は子の看護等休暇〕、育介法16条の5の介護休暇についても同様）。また、早退等で労働日の一部が不就労であった場合は、少なくとも出勤の事実があるわけなので、通常の出勤と同じように扱うこととなる。

[3] 年休の付与日数

　年休の権利発生要件を満たした場合に付与される日数については、継続勤務の年数に応じて［図表4-4］のとおり定められている。

　パートタイム労働者などの短時間労働者についても、権利発生要件を満たした場合には当然ながら年休を付与しなければならない。ただし、当該短時間労働者の所定労働日数が少ない場合には、その所定労働日数に比例

継続勤務年数	0.5年	1.5年	2.5年	3.5年	4.5年	5.5年	6.5年以上
付与日数	10日	11日	12日	14日	16日	18日	20日

図表 4-5 比例付与の日数

	週所定労働日数※	1年間の所定労働日数※	継続勤務年数						
			0.5年	1.5年	2.5年	3.5年	4.5年	5.5年	6.5年以上
付与日数	4日	169〜216日	7日	8日	9日	10日	12日	13日	15日
	3日	121〜168日	5日	6日	6日	8日	9日	10日	11日
	2日	73〜120日	3日	4日	4日	5日	6日	6日	7日
	1日	48〜72日	1日	2日	2日	2日	3日	3日	3日

※所定労働日数が週によって決まっている場合は「週所定労働日数」、週以外の期間で労働日数が決まっている場合は「1年間の所定労働日数」で判断する。

した日数の年休を付与すればよいことになっており、これを「比例付与」という［図表4-5］。比例付与の対象となる短時間労働者は、1週間の所定労働日数が4日以下（または1年間の所定労働日数が216日以下）であって、かつ週所定労働時間が30時間未満の者である。比例付与の日数は短時間労働者の所定労働日数によって決まることになるが、ここでいう所定労働日数は基準日時点でのものとなる。

実務上のポイント

　年休を労基法に則して正しく付与するのは当然のこととして、年休を取得しやすい職場環境づくりなどにより、取得率を向上、維持していくことは企業にとって継続的な課題であり、管理職に求められることである。また、人材確保の観点からいえば、例えば、法定の付与日数以上を与えたり、初回の年休を入社日と同時に付与したりといった工夫も考えられる。

26 年休取得の権利と付与の義務

▶年休は労基法の要件を満たせば労働者の権利として当然に発生する
▶会社は、労働者が年休を取りたい（労働義務の免除を受けたい）と時季を
指定して事前に通知してきた場合、無条件で与えなければならない
▶年休は「会社の承認により与える」ものではなく、「労働者が通知により
取得するもの」ということを念頭に置くべきである

📖 基本解説

［1］年休の権利、取得時季

労基法39条1項では、「使用者は、その雇入れの日から起算して6箇月間継続勤務し全労働日の8割以上出勤した労働者に対して、継続し、又は分割した10労働日の有給休暇を与えなければならない」と定めている。つまり、年休は継続勤務および出勤率の「法定要件を充たした場合法律上当然に労働者に生ずる権利」（昭48.3.6　基発110）だということになる。

また、「使用者は、前各項の規定による有給休暇を労働者の請求する時季に与えなければならない」（同法39条5項）との定めについては、「同条第4項〈筆者注：現労基法39条5項〉の『請求』とは休暇の時季を指定するという趣旨であって、労働者が時季の指定をしたときは、客観的に同項ただし書所定の事由が存在し、かつ、これを理由として使用者が時季変更権の行使をしない限り、その指定によって年次有給休暇が成立し、当該労働日における就労義務が消滅するものと解するのが相当である」（前掲通達）とされている。

以上をまとめると、労基法の要件を満たせば年休は労働者の権利として当然に発生し、労働者が年休を取りたい（労働義務の免除を受けたい）と

きには、その日を指定して会社に通知すればよい。すなわち、年休は権利性が非常に強いといえる。

　一方で、職場への配慮や取得へのためらいなどの理由から年休の取得率が低調な状況にあったことから、2019年4月施行の改正労基法では、すべての企業において、年10日以上の年休が付与される労働者（管理監督者や有期雇用労働者を含む）に対して、年休の日数のうち年5日については、使用者が時季を指定して取得させることが必要となった［図表4-6］。

図表 4-6　年休取得までの流れ

雇入れの日から起算して6カ月間継続勤務 ＋ 全労働日の8割以上出勤
（以後、1年間の継続勤務 ＋ 全労働日の8割以上出勤）
⇒年休の権利発生

労働者による年休の申請（労働者による時季指定）

取得時季の意見を
労働者から聴取した上で
使用者による時季指定

使用者が
時季変更権を行使せず

使用者による
時季変更権行使の検討

**使用者が指定した日に
年休取得**

**労働者が指定した日に
年休取得**

【行使不可の場合】
・単に忙しい
　　　　　　　　etc.

【行使可能の場合】
「事業の正常な運営を妨げる場合」
・ある特定の日に年休時季指定が
　集中
・年末等の特別な繁忙期
　　　　　　　　　　etc.

**時季変更権行使
（別の日に年休取得）**

［2］ 年休の時季変更権

年休は権利性が非常に強い一方で「請求された時季に有給休暇を与えることが事業の正常な運営を妨げる場合においては、他の時季にこれを与えることができる」（労基法39条5項ただし書き）とされており、使用者には、年休を他の日に変更する権利、いわゆる「時季変更権」の行使が認められている。年休が権利性の強いものであることとの調整ともいえるが、実際のところ時季変更権は単に忙しいから休まれては困るという理由だけでは認められず、「事業の正常な運営を妨げる場合」というのは、極めて限定的と考えておくべきである（参考となる判例として、電電公社関東電気通信局事件　最高裁三小　平元.7.4判決）。

実務上のポイント

年休の取り扱いに関しては、権利性が非常に強いことに尽きる。要は「年休は取得するもの」ということを念頭に置くべきである。退職を予定している労働者が退職予定日を前にして新たに付与される年休を見越して退職日を調整しているような事案において、「申し出どおりに年休を取得させなければならないのか」という相談を受けることがあるが、お願いベースで交渉する余地はあるにしても、仮に権利を主張されればどうにもならない。そのような事態に直面しないためにも、日頃から部下との信頼関係を構築することがポイントになる。

27 年休の時季指定義務

▶年10日以上の年休が付与されることとなる労働者の場合、付与した日数のうち年5日については、使用者が時季を指定して取得させることが必要である

▶休職などによって年5日の取得が物理的に不可能な場合を除き、例外扱いは認められていないので、計画的な年休取得に向けた管理や意識づけが求められる

📖 基本解説

［1］ 年5日の年休を取得させる義務

2019年4月施行の改正労基法により、年10日以上の年休が付与されることとなる労働者（管理監督者や有期雇用労働者を含む）の場合、付与した日数のうち年5日の取得（使用者による時季指定）が罰則付きで義務化された（労基法39条7項）。そうしたことも相まって、厚生労働省の「令和6年就労条件総合調査」によれば、2023年の1年間における年休の取得率は65.3％（前年は62.1％）であり、1984年以降過去最高となっている。

最近では、労働基準監督官の臨検において年休の時季指定義務違反の是正勧告を受けることも珍しくなくなっている。法律上の義務だから対応するというスタンスも確かにあるが、年休の取得によって労働者がリフレッシュすることでもたらされる生産性向上や健康維持が本来的に目指すべきところであり、取得率向上に向けた継続的な取り組みが求められる。

［2］ 法違反に対する罰則

年5日の年休を取得させなかった場合の罰則としては、労基法39条7項、120条の規定により、使用者に30万円以下の罰金が科されることとな

る。なお、この罰則による違反は、対象となる労働者1人につき1罪として取り扱われるとされている。もっとも、法違反に対して直ちに罰則が科されるというわけではなく、労働基準監督官による行政指導を経ることが通常である。時季指定義務をめぐる法違反に関しては、厚生労働省の資料を参照していただきたい［図表4-7］。

実務上のポイント

　年休取得率の向上ということでは、28の計画的付与も有力な選択肢の一つといえるが、会社による時季指定に至る前段階として、例えば以下のような施策も考えられるだろう。

①年休取得奨励日を設ける
②部門ごとに各人の来月の年休取得予定（希望）表を毎月提出してもらう
③年休取得日数が少ない部下のスクリーニングを四半期ごとなどに行い、取得促進の働き掛けを個別に行う

図表 4-7　年休の時季指定義務に関する Q&A

(Q) 年5日の取得ができなかった労働者が1名でもいたら、罰則が科されるのでしょうか。

(A) 法違反として取り扱うこととなりますが、労働基準監督署の監督指導において、法違反が認められた場合は、原則としてその是正に向けて丁寧に指導し、改善を図っていただくこととしています。

- -

(Q) 年次有給休暇の取得を労働者本人が希望せず、使用者が時季指定を行っても休むことを拒否した場合には、使用者側の責任はどこまで問われるのでしょうか。

(A) 使用者が時季指定をしたにもかかわらず、労働者がこれに従わず、自らの判断で出勤し、使用者がその労働を受領した場合には、年休を取得したことにならないため、法違反を問われることになります。ただし、労働基準監督署の監督指導において、法違反が認められた場合は、原則としてその是正に向けて丁寧に指導し、改善を図っていただくこととしています。

- -

(Q) 休職している労働者についても、年5日の年次有給休暇を確実に取得させる必要がありますか。

(A) 例えば、基準日からの1年間について、それ以前から休職しており、期間中に一度も復職しなかった場合など、使用者にとって義務の履行が不可能な場合には、法違反を問うものではありません。

- -

(Q) 年度の途中に育児休業から復帰した労働者等についても、年5日の年次有給休暇を確実に取得させる必要があるのでしょうか。

(A) 年度の途中に育児休業から復帰した労働者等についても、年5日の年次有給休暇を確実に取得していただく必要があります。ただし、残りの期間における労働日が、使用者が時季指定すべき年次有給休暇の残日数より少なく、5日の年次有給休暇を取得させることが不可能な場合には、その限りではありません。

資料出所：厚生労働省「改正労働基準法に関するQ&A」（2019年4月）および「年5日の年次有給休暇の確実な取得　わかりやすい解説」を一部抜粋

28 年休の計画的付与

▶年休の計画的付与は、お盆休みなどの一斉休業期間に実施するのが典型といえる
▶使用者による年休の時季指定義務との兼ね合いで、計画的付与の活用が選択肢になり得るが、労使協定の締結が要件となっており、労働者が納得した上で運用されることが求められる

基本解説

[1] 労使協定を結べば計画的に年休を取らせることができる

　年休は労働者個人の権利であって、時季指定義務による場合を除き、使用者側から年休の取得を強要できない。例えば、インフルエンザ流行時に「家族が罹患した場合には年休を使って休んでください」という案内をすることは認められない。その一方で、年休の取得率向上という意味では年休の計画的付与制度がある。これは労使合意の下で年休を計画的に付与できる（付与の時期をあらかじめ定める）というものである。例えば、お盆休みなどの一斉休業期間に実施するケースが典型といえる。ただし、この場合でも、付与される年休のうち最低でも5日は原則どおり労働者が自由に使えるようにしておかなければならず、計画的付与の対象は5日を超える部分（前年からの繰り越し分を含む）に限られる。なお、時間単位年休は、労働者が時間単位による取得を請求した場合に、請求した時季に時間単位で付与するものであることから、計画的付与として時間単位年休を与えることは認められない。

[2] 導入要件と付与方法

　計画的付与を行うためには、事業場ごとに労使協定を締結する必要がある（所轄労働基準監督署長への届け出は不要）。計画的付与の方式と、労

図表 4-8　年休の計画的付与の方式

付与方式	労使協定において定めるべき事項
事業場全体の休業による一斉付与	具体的な年休の付与日
班別の交替制付与	班別の具体的な年休の付与日
年休付与計画表による個人別付与	計画表を作成する時期、手続き等

使協定において定めるべき事項は［**図表4-8**］のとおり例示されている（昭63.1.1　基発1、平22.5.18　基発0518第1）。なお、事業場全体の休業による一斉付与の場合、その日に年休の権利のない者を休業させた場合には、労基法26条所定の休業手当を支払わなければならない。また、計画的付与の対象となる5日を超える部分には、前年からの繰り越し分も含まれる（昭63.3.14　基発150）。

実務上のポイント

　使用者による時季指定義務との兼ね合いで、年休の計画的付与の活用は有力な選択肢となり得るが、労使協定の締結が要件となっていることからも（労使協定は事業場ごとに締結）、労働者が納得感を持って運用していけるよう留意してもらいたい。なお、事業場全体の休業による一斉付与の場合、新入社員など年休が全くない者や、年休の日数が計画的付与をしようとする日数に足りない者に対しては、特別休暇を付与するなどの措置を取ることが考えられ、当該措置は労使協定に定める必要がある。

ここもチェック！ **年休に関するその他の決まり事**

時間単位年休（労基法39条4項）

　使用者は、労使協定により次の①〜④の事項を定めた場合、年5日を限度として時間単位で年休を与えることができる。

①時間単位年休を取得できる労働者の範囲

---

②時間単位年休の日数（前年度からの繰り越しがある場合、繰り越し
　　分も含めて5日分以内に限る）

③時間単位年休1日の時間数（所定労働時間数を基に定め、1時間に
　　満たない端数は時間単位に切り上げる）

④1時間以外の時間（2時間、3時間など）を単位とする場合はその
　　時間数

　　なお、時間単位年休に関して、通達（平21.5.29　基発0529001）
では次の事項を定めている。

・労使協定で時間単位年休を取得することができない時間帯を定める
　こと、所定労働時間の中途における時間単位年休の取得を制限する
　こと、1日において取得することができる時間単位年休の時間数を
　制限すること等は認められない

・事業の正常な運営を妨げる場合は使用者による時季変更権が認めら
　れるが、労働者が時間単位による取得を請求した場合に日単位に変
　更することや、日単位による取得を請求した場合に時間単位に変更
　することは時季変更に当たらず、認められない

・年休の計画的付与として、時間単位年休を付与することはできない

年休の繰り越し（労基法115条）

　　年休の権利の時効は休暇が発生する基準日から2年間となっている
ので、1年間で取得できなかった年休の残日数は翌年（度）に繰り越
すことができる。

年休の買い上げ（昭30.11.30　基収4718）

　　年休の買い上げを予約し、これに基づき年休を減じたり請求された
日数を与えないことは、法定内の日数については労基法違反となる。

その他の取り扱い（労基法附則136条）

　　年休を取得した労働者に対して、賃金の減額や賞与の算定などに際
して、欠勤として取り扱うなどの不利益な取り扱いをしてはならない。

妊娠・出産、育児、介護

29 妊娠・出産・育児に関する諸制度の概要

▶ 妊娠・出産・育児に関する法的な制度の枠組みを押さえておくことはもちろんのこと、各ステージにおいて男女問わず労働者が安心して制度を利用できる職場環境を整備する
▶ "子どもが生まれたことに伴う育児休業等の制度利用は当然だ" という意識を職場全体に浸透させていくために、日頃からの地道な取り組みが必要

📖 基本解説

［１］妊娠・出産・育児に関する制度の概要

　妊娠・出産・育児（以下、妊娠等）に関する法的な制度については、とりわけ出産以降に関するものが多岐にわたっている。妊娠等を控えた労働者からの相談に乗る上でも、制度の大枠を確実に押さえておくことは必須であり、［図表5-1］に概要をまとめた（本書では一部を除いて各制度の詳細は割愛する）。

　事業主としては制度を把握した上で、労働者が制度を利用しやすい職場環境を整えることが非常に重要である。育児の制度に関しては、2022年4月施行の改正育介法により、本人または配偶者についての妊娠・出産を申し出た労働者に対し、制度等を個別周知した上で取得意向を確認することが義務づけられた。これは、職場の雰囲気や制度の不知等を理由として育児休業（以下、育休）等の申し出をしないことを防ぐためのものであり、そのような個別の対応と同時に、雇用環境を整備するための措置（研修の実施、相談窓口の設置、自社制度と育休取得促進に関する方針の周知など）を講ずることも義務づけられた。育児と仕事との両立を行うことが職場にとってプラスの影響をもたらすためには、どのような両立の仕方を本人が望んでいるのかを丁寧に確認することがポイントである。両立を目

指す労働者がいることで、周りの労働者も含めて仕事の進め方を見直すきっかけにもなるという前向きな面に目を向けることが大切であろう。

［2］ 育休が当然に取得できる環境の整備

男性の育休取得はかねてからのわが国における大きな課題であったが、上記のような新たな措置義務に加えて、男性労働者の育休取得率等の公表が常用雇用労働者数1000人超の事業主に2023年4月から義務化されたことなどを経て（2025年4月からは常用雇用労働者数300人超の事業主に対象拡大）、取得率は上がってきている。厚生労働省の調査[1]によれば、2021年10月1日から2022年9月30日までの1年間に、配偶者が出産した男性がいた事業所に占める男性の育児休業者（上記の期間に配偶者が出産した者のうち2023年10月1日までの間に育休〔出生時育休を含む〕を開始した者〔育休の申し出をしている者を含む〕）がいた事業所の割合は37.9％と、前回調査（24.2％）より13.7ポイント上昇した。

育休等に関する制度を知ることはもちろん大切だが、そうした段階を超えて、子どもが生まれれば男女問わず当然のように育休等を取得する意識が職場全体に浸透するよう、日頃からの地道な取り組みが求められる。

実務上のポイント

2024年6月22〜25日までに実施された厚生労働省の調査[2]によれば（全国の18〜25歳の男女約7800人が対象）、「自分自身が育休を取得したいか」という問いに対し、男女計の87.7％（男性84.3％、女性91.4％）が「取得したい」もしくは「どちらかというと取得したい」と回答している。また、就職活動で「男性の育休取得の実績がない企業に就職したいと思うか」という問いに対して、「どちらかというと就職したくない」と「就職したくない」を合わせた男女計の回答が61.0％（男性57.3％、女性65.1％）となっている。こうした調査結果を踏まえれば、労働力不足の現状における人材獲得の観点でも、育休等の取得促進に向けた企業としての取り組みが今後ますます重要になっていくといえる。

図表 5-1　妊娠・出産・育児に関する制度等の枠組み

項目		法律の該当条文	妊娠	産前6週間	出産	産後8週間
母性保護	労基	68条	生理休暇			
	均等	12条		妊産婦が保健指導または健康診査を受けるために必要		
	均等	13条		妊産婦が医師からの指導事項を守ることができるよう（通勤緩和・休憩時間の延長・勤務時間の短縮・休業等）		
	労基	65条1項、2項		産前休業	産後休業	
就業制限	労基	64条の3		危険有害業務の就業制限		
	労基	65条3項		軽易業務への転換		
	労基	66条1～3項		時間外労働・休日労働・深夜業の適用除外請求		
	労基	19条		解雇禁止（産前産後休業終了後30日間まで）		
	均等	9条3項、4項		解雇の原則無効および不利益取り扱いの禁止		
	育介	10条ほか			解雇その他不利益な取時間外労働・深夜業の	
育児支援	育介	5条1項、9条の2第1項			出生時育児休業（産後パパ育休）	育児
	育介	9条の6				
	育介	5条3項、4項				
	労基	67条				育児時間（1日子でない生児を
	育介	16条の2				
	育介	16条の8				
	育介	17条、19条				
	育介	23条1項				
	育介	23条2項				所定労働時間の短縮措置業時刻の繰り上げ繰り下
	育介	24条1項				小学校就学前の子を養短時間勤務制度等）
経済的支援	健保	159条、159条の3			健康保険・厚生年金保険料免除	
	厚年	81条の2、81条の2の2				
	健保	101条			出産育児一時金	
	健保	102条			出産手当金	
	厚年	26条			厚生年金保険養育特例	
	雇保	61条の7、61条の8			雇用保険　育児休業給付	

	子が1歳	1歳2カ月	1歳6カ月	2歳	3歳	小学校就学の始期
生理休暇						
な時間の確保						
にするための措置						
り扱いの禁止（育児休業、子の看護休暇、所定外労働の制限、所定労働時間の短縮措置、制限措置を申し出・取得したこと等を理由とする）						
休業（原則期間）		パパママ育休プラス				
		育児休業（延長期間）	育児休業（延長期間）			※2025年4月からは小学校3年生修了まで
2回、各30分以上、実養育する場合も該当）						
子の看護休暇　※2025年4月からは「子の看護等休暇」						
所定外労働の制限（免除）						※2025年4月からは小学校就学まで
時間外労働・深夜業の制限						
所定労働時間の短縮措置（短時間勤務制度）						
から除外された労働者に対する代替措置（フレックスタイム制、始業終げ等）　※2025年4月からはテレワークが追加						
育する労働者に関する努力義務（始業終業時刻の繰り上げ繰り下げ、所定外労働の免除、※2025年4月からは3歳に満たない子につきテレワークが追加						
健康保険・厚生年金保険料免除						
（3歳に満たない子を養育する被保険者等の標準報酬月額の特例）						
（出生時育児休業・育児休業期間中）						

30

労基法の母性保護規制、妊娠中・出産後の健康管理に関する措置

▶ 妊娠中の女性労働者への配慮を適切に行う上でも、女性労働者が早期に相談・申し出をしやすい職場環境となっていることが重要
▶ 相談・申し出を受けた管理職は本人のプライバシーに配慮しつつ、必要な配慮や意向を丁寧に確認することが求められる

📖 基本解説

［1］ 生理休暇

生理休暇については、生理が原因で就業が著しく困難であることを前提とした休暇であり、単に生理日であることを理由に取得されるべき休暇ではないが、原則として特別の証明がなくても女性労働者の請求があった場合には、生理休暇を与えることとされている。

［2］ 出産前後の女性労働者に対する措置

出産前後の女性労働者に対する措置に関する指針[3]の内容も押さえておきたい。指針の概要は［図表5-2］のとおりである。

👥 実務上のポイント

女性労働者が自身の妊娠・出産について抱える不安を少しでも和らげて、無理のない範囲で仕事に取り組めるようにする上でも、早期に相談・申し出をしやすい職場環境となっていることが重要である。そのためには日頃からの信頼関係の構築が基本となり、相談・申し出を受けた管理職は本人のプライバシーに配慮しつつ、必要な配慮や意向を丁寧に確認することが求められる。

図表5-2 ▶ 妊娠中および出産後の女性労働者に対して講ずべき措置（一部抜粋）

・妊娠中の通勤緩和、休憩に関する措置

　　事業主は、医師等による具体的な指導がない場合においても、妊娠中の女性労働者から措置の申し出があったときは、担当の医師等と連絡を取り、その判断を求める等適切な対応を図る必要がある。

- -

・妊娠中または出産後の症状等に対応する措置

　　事業主は、医師等による指導に基づく必要な措置が不明確である場合には、担当の医師等と連絡を取りその判断を求める等により、作業の制限、勤務時間の短縮、休業等の必要な措置を講ずるものとする。

- -

・母性健康管理指導事項連絡カードの利用

　　事業主がその雇用する妊娠中および出産後の女性労働者に対し、母性健康管理上必要な措置を適切に講ずるためには、当該女性労働者に係る指導事項の内容が当該事業主に的確に伝達され、かつ、講ずべき措置の内容が明確にされることが重要である。このため、事業主は、母性健康管理指導事項連絡カードの利用に努めるものとする。

・プライバシーの保護

　　事業主は、個々の妊娠中および出産後の女性労働者の症状等に関する情報が、個人のプライバシーに属するものであることから、その保護に特に留意する必要がある。

ここもチェック！ **妊産婦に関する決まり事**

（妊産婦とは、妊娠中および産後１年を経過しない女性をいう）

①危険有害業務の就業制限（労基法64条の３）

　使用者は、妊産婦を重量物を取り扱う業務、有害ガスを発散する場所における業務その他妊娠、出産、哺育等に有害な業務に就かせてはならない。

②産前産後休業（労基法65条１項、２項）

　産前６週間（多胎妊娠の場合は14週間）、産後８週間は女性を就業させることはできない。

※産前はいずれも女性が請求した場合に限る。

※産後の場合、産後6週間を経過後に、女性本人が請求し、医師が支障ないと認めた業務は、就業させても差し支えない。

③軽易業務への転換（労基法65条3項）

使用者は、妊娠中の女性が請求した場合には、他の軽易な業務に転換させなければならない。

④変形労働時間制の適用制限（労基法66条1項）

変形労働時間制が適用される場合でも、妊産婦が請求した場合には、1日・1週間の法定労働時間を超えて労働させてはならない。

⑤時間外労働、休日労働、深夜業の制限（労基法66条2項、3項）

使用者は、妊産婦が請求した場合には、時間外労働、休日労働、深夜業をさせてはならない。

⑥育児時間（労基法67条）

生後満1年に達しない生児（実子でない場合も含まれる）を育てる女性は、休憩時間のほかに、1日2回各々少なくとも30分の育児時間を請求できる。

⑦罰則（労基法119条）

上記①〜⑥の規定に違反した者は、6カ月以下の懲役または30万円以下の罰金に処す。

⑧妊娠・出産等を理由とする不利益取り扱いの禁止（均等法9条）

事業主は、女性が妊娠・出産したことなどを理由に解雇その他不利益な取り扱いをしてはならない。

⑨育児休業等の利用を理由とする不利益取り扱いの禁止（育介法10条）

事業主は、育児休業や子の養育に関するその他の制度の利用に関して、申し出や取得したことなどを理由に、解雇その他の不利益な取り扱いをしてはならない。

31

育児休業制度の概要

▶ 労働者が申し出ることのできる育介法上の育休は、１歳に満たない子を養育する期間が原則である

▶ 要件を満たした場合に限り１歳から１歳６カ月まで、および１歳６カ月から２歳までの期間について別途の休業の申し出ができる。社会保険料の免除および雇用保険の給付金との関係も正確に押さえておく必要がある

📖 基本解説

　育介法上の育休を取得することができるのは、原則として１歳に満たない子を養育する労働者である（性別は問わない。また、日々雇い入れられる者を除く）。期間を定めて雇用される者は、申し出時点において、子が１歳６カ月に達する日までに、労働契約（更新される場合には、更新後の契約）の期間が満了し、更新されないことが明らかでない場合、育休を取得することができる。また、労使協定で定めることにより、一定の労働者については育休の対象から除外することができる。

　会社のルールとして、育休等について育介法を上回る形で制度化している例も少なからず見られるところであるが、法令上、労働者が申し出ることのできる原則的な育休は子が１歳に達する（１歳の誕生日の前日）までの期間におけるものであり、要件を満たした場合に限り１歳から１歳６カ月まで、および１歳６カ月から２歳までの期間について別途の休業申し出をすることができる。なお、子が１歳に達するまでの期間においては、特別の事情がない限り１人の子につき育休を申し出ることのできる（分割して育休を取得することのできる）回数は２回までである。後述の出生時育休についても２回までのため、子が１歳に達するまでの間に通常の育休および出生時育休を併用する場合、それぞれの育休を各２回（合計で４回）

まで申し出ることが可能となる。また、1歳以降の各期間においては、特別の事情がない限り1人の子につき各1回である。

　子が1歳に達するまでが原則的な育休の期間であることから、育休に対する経済的支援である健康保険および厚生年金保険（以下、社会保険）の保険料免除および雇用保険の育児休業給付金についても、当該期間（育児休業給付金は1歳の誕生日の前々日まで）を一つの区切りとしている。なお、出生時育休制度（産後パパ育休制度）が2022年10月から創設されたが（通常の育休とは別に、子の出生後8週間以内に4週間〔28日〕まで休業することが可能）、出生後8週間以内の期間における休業について通常の育休と出生時育休のどちらで申し出を行うのかは労働者の選択による（出生後8週間以内の期間は出生時育休での申し出をしなければならないというものではない）[図表5-3]。

　その上で、保育所等における保育の利用を希望して申し込みを行っているが当面その実施が行われないとき等に限り、1歳から1歳6カ月までおよび1歳6カ月から2歳までの期間について別途の休業申し出をすることができることとなっている（一般的には「延長」といわれるが、法令上はあくまで育休の「申し出」である。実際、1歳に達した後から初めて育休を取得するケースもある）。

　この1歳に達した後の育休については、育児休業給付金を引き続き受給する目的で、保育所に入所する意思がないにもかかわらず自治体に入所を申し込む者がいることで自治体の負担となっているとの問題があったことから、保育所等に入所できないことについて「速やかな職場復帰を図るために保育所等における保育の利用を希望しているものであると公共職業安定所長が認める場合に限る」という形での雇用保険法施行規則改正により、給付金申請手続き時の確認書類が追加される（2025年4月1日施行）。一方の社会保険料免除については、最長で子が3歳に達するまで認められるという違いがあるが、1歳に達した後も育介法上の育休に準ずる形で会社として休業を認めていれば、基本的には保険料免除の対象となる。

図表5-3 子が1歳に達するまでの育休取得のイメージ

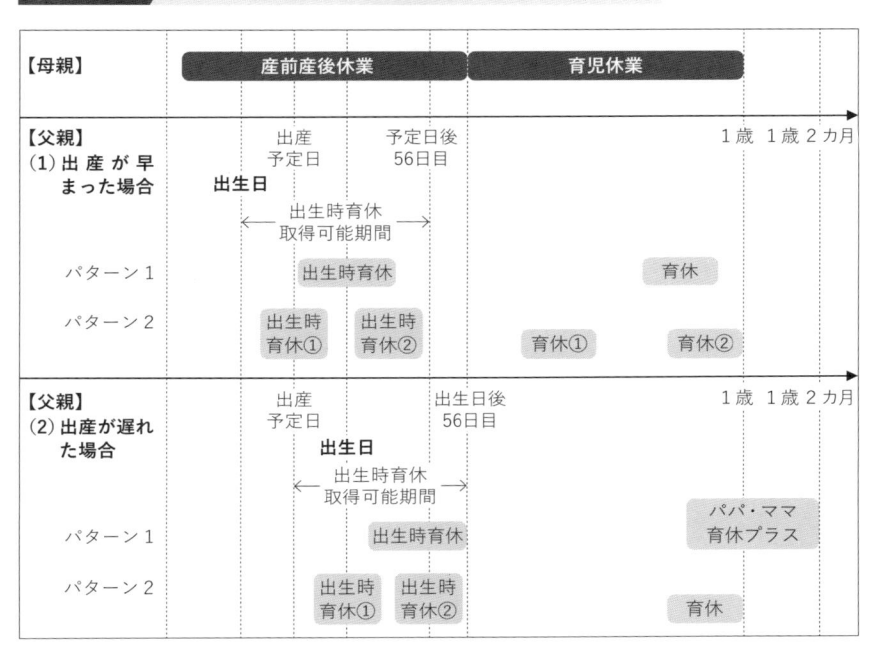

実務上のポイント

　出生時育休制度の創設も相まって男性労働者の育休も増え、分割取得などさまざまなパターンでの育休取得が生じていることと思われる。経済的支援の制度は逆選択的に利用されるべきものではないが、とはいえ育休取得者にとって貴重な支援である。誤った理解によって支援の対象から外れたり手続きが漏れたりすることのないよう留意が必要である。

　育休の取得について部下から相談があった場合に適切な対応ができるよう、管理職としては育休に関する社内制度はもとより、法律面の基本的な知識を正確に押さえておきたい。

育休等に関する決まり事

	育児休業	出生時育児休業（産後パパ育休）
内　　容	原則として子が1歳になるまでの連続する期間（子1人につき原則として分割して2回まで）	育児休業とは別に、男性は、子の出生後8週間以内に4週間（28日）まで取得できる。2回に分割して取得することが可能
対 象 者	日雇いを除く労働者 ※有期雇用労働者の場合は、次の要件を満たす者 ▶子が1歳6カ月（2歳までの延長を申し出る場合は2歳）に達する日までに労働契約の期間が満了し、更新されないことが明らかでないこと ○労使協定で対象外にできる者 ▶雇用されてから1年未満の者 ▶休業申し出から1年（1歳以降の育児休業を申し出る場合には6カ月）以内に雇用関係が終了することが明らかな者 ▶1週間の所定労働日数が2日以下の者	日雇いを除く労働者 ※有期雇用労働者の場合は、次の要件を満たす者 ▶子の出生日または出産予定日のいずれか遅いほうから起算して8週間を経過する日の翌日から6カ月を経過する日までに労働契約の期間が満了し、更新されないことが明らかでないこと ○労使協定で対象外にできる者 ▶雇用されてから1年未満の者 ▶休業申し出から8週間以内に雇用関係が終了することが明らかな者 ▶1週間の所定労働日数が2日以下の者
1歳6カ月までの育児休業	次の場合には、1歳6カ月に達するまで、育児休業が取得可能 ▶保育所等への入所を希望しているが、入所できない場合 ▶子の養育を行っている配偶者であって、1歳以降子を養育する予定であった者が死亡、負傷、疾病等により子を養育することが困難になった場合 ※申し出は、1歳の誕生日の2週間前までに行う必要がある	
2歳までの育児休業	育児休業を1歳6カ月まで延長しても保育所に入れない場合等に限り、さらに2歳までの再取得が可能	
手 続 き	休業の申し出は、休業開始予定日の1カ月前までに行う必要がある ▶休業開始予定日は、出産予定日前に子が出生したことなどの事由が生じた場合に限り、1度だけ繰り上げ変更が可能	休業の申し出は、休業開始予定日の2週間前までに行う必要がある（ただし、出産予定日前に子が出生したこと等の事由が生じた場合は、1週間前まで） ▶休業開始予定日は、出産予定日前に子が出生したことなどの事由が生じた場合に限り、1度だけ繰り上げ変更が可能

手続き	▶休業終了予定日は、終了予定日の1カ月前までに申し出れば、理由を問わず1度だけ繰り下げ変更が可能 ▶休業申し出の撤回は、休業開始予定日の前日までに申し出れば撤回が可能だが、1度撤回すると、同じ子について、原則として再度休業の申し出はできない	▶休業終了予定日は、終了予定日の2週間前までに申し出れば、子の出生後8週間以内の期間内で通算4週間（28日）の範囲内で1度だけ繰り下げ変更が可能 ▶休業申し出の撤回は、休業開始予定日の前日までに申し出れば撤回が可能だが、2度撤回すると、再度の申し出はできない
所定外労働の制限	3歳に満たない子（2025年4月1日からは小学校就学前の子）を養育する労働者が請求した場合には、事業主は所定労働時間を超えて労働させてはならない	
時間外労働の制限	小学校就学前の子を養育する労働者が請求した場合には、事業主は制限時間（1カ月24時間、1年150時間）を超えて労働時間を延長してはならない	
深夜業の制限	小学校就学前の子を養育する労働者が請求した場合には、深夜業（午後10時〜午前5時）をさせてはならない	
育児のための所定労働時間の短縮措置等	3歳に満たない子を養育する労働者（日々雇用を除く）であって育児休業をしていない者に関して、1日の所定労働時間を原則として6時間とする短時間勤務制度を講じなければならない。また、業務の性質等により、短時間勤務制度を講ずることが困難と認められる者については、次のいずれかの措置を講じなければならない ▶育児休業に関する制度に準ずる措置 ▶フレックスタイム制 ▶始業・終業時刻の繰り上げ、繰り下げ ▶事業所内保育施設の設置運営その他これに準ずる便宜の供与 ▶（2025年4月1日からはテレワークが追加）	
子の看護休暇（2025年4月1日からは子の看護等休暇）	▶小学校就学前の子（2025年4月1日からは小学校3年生修了まで）を養育する労働者から申し出があったときには、事業主は病気・けがをした子の看護または子に予防接種・健康診断を受けさせるため（2025年4月1日からは感染症に伴う学級閉鎖等、入園式、入学式、卒園式を追加）の休暇を与えなければならない ▶日数は、労働者1人につき小学校就学前の子が1人であれば5日、2人以上であれば10日で、1日単位または時間単位で取得できる	
配置転換における配慮義務	事業主は、労働者を転勤（配置の変更で就業場所の変更を伴うもの）させようとする場合には、子の養育の状況の把握、労働者本人の意向の斟酌、子の養育に関する代替手段の有無を確認するなど育児の状況に配慮しなければならない	

32 小学校未就学児を養育する従業員への対応

▶ 小学校未就学児を養育する従業員の両立支援については、2024年5月24日に成立した改正育介法において強化された
▶ 現下の社会情勢等を反映してテレワークを選択的措置の一つとして組み込んでいる改正点もあり、制度を的確に把握した上で円滑な制度利用につなげていく必要がある

基本解説

　2024年5月24日に改正育介法が成立した。今般の改正法では［図表5-4、5-5］のとおり制度が見直され、とりわけ小学校未就学児を養育する従業員の両立支援が強化されることとなった。施行時期は2025年4月1日である（「柔軟な働き方を実現するための措置」は2025年10月1日施行）。

実務上のポイント

　小学校未就学児を養育する労働者の働き方についての意向を踏まえ、他の労働者との間で業務調整を円滑に進めるためにも、妊娠・出産期と同様、早期に相談・申し出をしやすい職場環境となっていることが重要である。管理職には、業務の棚卸しや進め方の見直しを普段から進めることで、さまざまな状況に対応し得る職場の整備が求められる。

図表5-4 2025年施行の改正育児・介護休業法の概要（育児休業関連）

【2025年4月1日施行】

①所定外労働の制限（残業免除）の対象拡大

小学校就学前の子を養育する労働者は、請求すれば所定外労働の制限（残業免除）を受けることが可能

②子の看護休暇の見直し

【対象となる子の範囲】小学校3年生修了までに延長

【取得事由】感染症に伴う学級閉鎖等、入園式、入学式、卒園式を追加

【名称】子の看護等休暇

【労使協定の締結により除外できる労働者】「引き続き雇用された期間が6カ月未満」の要件を撤廃（「週の所定労働日数が2日以下」のみにする）

③育児のためのテレワークの努力義務化

・3歳になるまでの子を養育する労働者がテレワークを選択できるように措置を講ずることが、事業主の努力義務となる

・3歳未満の短時間勤務制度を講ずることが困難な場合の代替措置に、テレワークを追加

④育児休業取得状況の公表義務対象拡大

従業員数300人超の事業主は、男性労働者の育児休業等の取得状況を公表しなければならない

- -

【2025年10月1日施行】

①「柔軟な働き方を実現するための措置」の創設

事業主は、3歳以上、小学校就学前の子を養育する労働者に対して、職場のニーズを把握した上で、次の中から2以上の制度を選択して措置を講ずる必要がある

・始業時刻等の変更

・テレワーク等（10日以上/月）

・保育施設の設置運営等

・新たな休暇の付与（10日以上/年）

・短時間勤務制度

労働者は、事業主が講じた措置の中から一つを選択して利用することができる

②妊娠・出産の申し出時や子が3歳になる前の個別の意向聴取・配慮義務化

事業主は、労働者が本人または配偶者の妊娠・出産等を申し出た時や、労働者の子が3歳になるまでの適切な時期に、子や各家庭の事情に応じた仕事と育児の両立に関する以下の事項について、労働者の意向を個別に聴取しなければならない

・勤務時間帯（始業および終業の時刻）

・勤務地（就業の場所）

・両立支援制度等の利用期間

・その他仕事と育児の両立の支障となる事情の改善に資する就業の条件（業務量など）

事業主は、意向の聴取をした労働者の就業条件を定めるに当たっては、聴取した労働者の仕事と育児の両立に関する意向について、自社の状況に応じて配慮しなければならない

【具体的な配慮の例】

・勤務時間帯

・勤務地に係る配置

・業務量の調整

・両立支援制度等の利用期間等の見直し

・労働条件の見直し

図表5-5　改正育介法での見直しイメージ

□□□：現行の権利・措置義務　■■■：見直し　┌┄┄┐：現行の努力義務

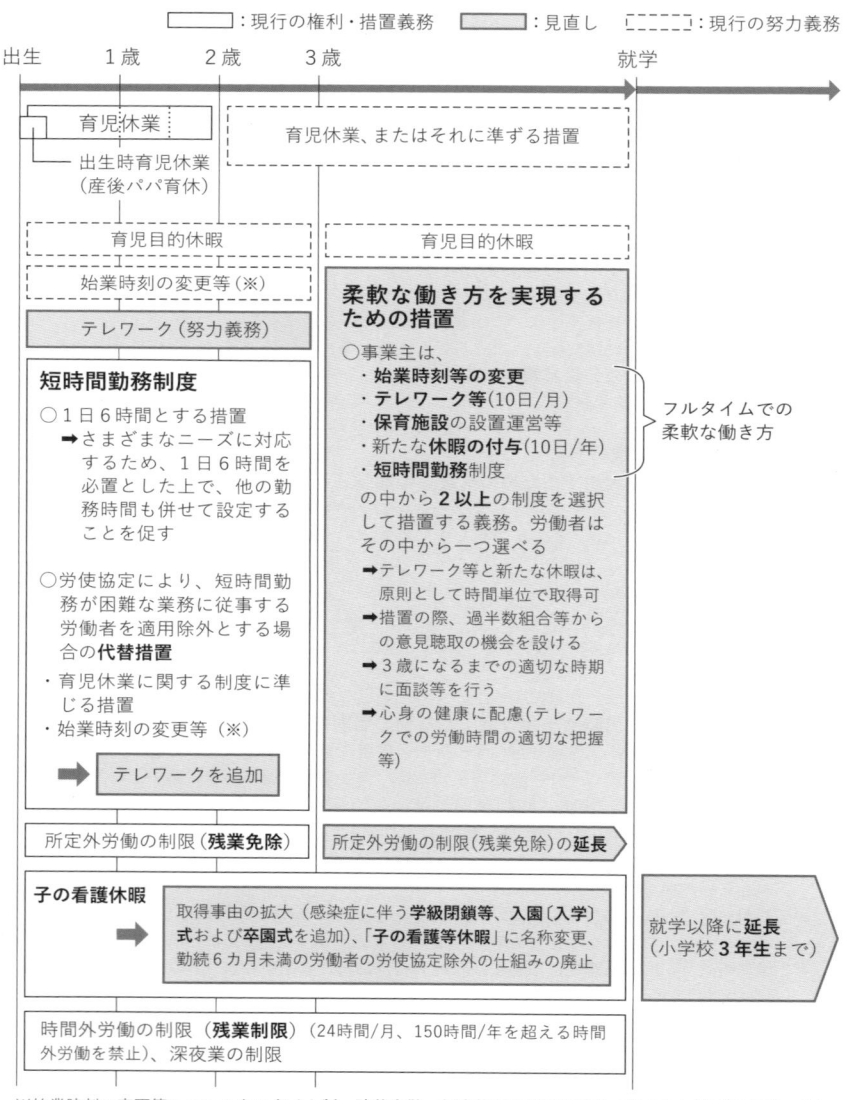

※始業時刻の変更等：**フレックスタイム制**、**時差出勤**、**保育施設**の設置運営その他これに準ずる便宜の供与

資料出所：厚生労働省「育児・介護休業法、次世代育成支援対策推進法改正ポイントのご案内」を一部改変

介護休業制度の概要

▶介護関係の法制度は、介護離職を防止し、仕事と介護の両立を可能とするための改正がこれまで行われた
▶2017年1月施行の改正育介法により介護休業の3回までの分割取得が可能となり、介護のための所定労働時間短縮措置が拡充された
▶2025年4月施行の改正育介法では、介護離職を防止するための仕事と介護の両立支援制度の周知の強化などが図られることとなっている

基本解説

［1］仕事と介護の両立をめぐる問題

　「仕事と育児・介護の両立支援対策の充実に関する参考資料集」（第67回労働政策審議会　雇用環境・均等分科会）では、以下のとおり指摘されている（［図表5-6］も併せて参照）。

▶家族の介護や看護を理由とする離職者数の推移を見ると、離職者数は減少傾向にあるものの、60歳以上の年齢層での離職者の増加等の影響により、直近の数値は約10万6000人で増加。男性の割合は上昇傾向にある
▶家族の介護・看護を理由とする離職者は、50〜64歳で多い。65歳以上も23.2％存在している

　また、厚生労働省の調査[4]によれば、介護休業に関する考え方について、「A：介護休業期間は（従業員が）主に仕事を続けながら介護をするための体制を構築する期間である」と「B：介護休業期間は（従業員が）介護に専念するための期間である」のどちらに近いかとの問いに対する回答は、次のとおりである。

介護等を理由とした離職者数などの推移

	平成24年調査	平成29年調査	令和4年調査
家族の介護・看護を理由とする離職者	10.1万人（平成23年10月〜24年9月）	−0.2万人 → 9.9万人（平成28年10月〜29年9月）	＋0.7万人 → 10.6万人（令和3年10月〜4年9月）
家族の介護をしながら就業する者	291.0万人（平成24年10月）	＋55.3万人 → 346.3万人（平成29年10月）	＋18.3万人 → 364.6万人（令和4年10月）

［注］　離職者には、前職が雇用者以外の者も含まれる。

資料出所：労働政策審議会「仕事と育児・介護の両立支援対策の充実に関する参考資料集」

> ▶企業調査では、「A」もしくは「どちらかというとA」と考える割合は、従業員規模にかかわらず、4割前後にとどまる
>
> ▶労働者調査では、「A」もしくは「どちらかというとA」と回答した割合は、就業形態にかかわらず3〜4割程度にとどまる

［2］2025年4月施行の改正法の内容

　育介法の改正に向けた議論においては、このような介護休業に関する考え方の状況に照らし、現段階では制度目的の理解促進を通じて効果的な利用を促すことが重要であるとの判断の下、介護休業ができる期間や分割回数については改正を行わないこととされた。一方で、効果的な制度利用を促す観点での主な改正点は以下のとおりである（2025年4月1日施行）。

> ①介護離職防止のための個別の周知・意向確認の義務化
> …家族の介護の必要性に直面した労働者が申し出をした場合に、事業主が介護両立支援制度等に関する情報を個別に周知し、意向を確認することを義務づける。また、労働者が申し出をしたことを理由として、当該労働者に対して解雇その他不利益な取り扱いをしてはならないものとする
> ②介護に直面する前の早い段階（40歳等）での介護両立支援制度等に

関する情報提供

…介護保険の第 2 号被保険者となる40歳のタイミング等の効果的な時期に、事業主が労働者に対して、介護に関する両立支援制度の情報を記載した資料等を配布する等の情報提供を一律に行うことを義務づける

③介護休業および介護両立支援制度等を取得しやすい雇用環境の整備の措置

…介護休業や介護両立支援制度等の申し出が円滑に行われるようにするため、研修の実施や相談体制の整備などの措置を講じなければならないものとする

実務上のポイント

　労働力不足が続く中、介護離職の防止はますます重要な課題となっていくといえる。介護休業についての法制度の動向も注視していく必要があるが、まずは2025年 4 月施行の改正法を機に、介護両立支援について改めて検討していくことが求められる。

ここもチェック！ 介護休業等に関する決まり事

内　　容	要介護状態（負傷、疾病または身体上もしくは精神上の障害により、 2 週間以上の期間にわたり常時介護を必要とする状態）にある対象家族 1 人につき、通算93日まで（ 3 回まで分割可能）
対 象 者	日雇いを除く労働者 ※有期雇用労働者の場合は、次の要件を満たす者 ▶取得開始予定日から起算して93 日を経過する日から 6 カ月を経過する日までに労働契約期間が満了し、更新されないことが明らかでないこと ○労使協定で対象外にできる労働者 ▶雇用されてから 1 年未満の者 ▶93日以内に雇用関係が終了することが明らかな者 ▶ 1 週間の所定労働日数が 2 日以下の者
手 続 き	休業の申し出は、休業開始予定日の 2 週間前までに行う必要がある

手 続 き	▶休業終了予定日は、終了予定日の2週間前までに申し出れば、93日の範囲内で、申し出ごとに1回だけ繰り下げ変更が可能 ▶休業申し出の撤回は、休業開始予定日の前日までに申し出れば撤回が可能だが、2回連続して撤回すると、事業主は、それ以降の介護休業の申し出を拒むことができる
介護休暇	要介護状態にある対象家族の介護その他の世話を行う労働者は、対象家族が1人であれば年5日(対象家族が2人以上であれば10日まで)、介護その他の世話を行うために、休暇が取得できる(時間単位での取得も可能)
所定外労働の制限	要介護状態にある対象家族を介護する労働者が、その対象家族を介護するために請求した場合には、事業主は所定労働時間を超えて労働させてはならない
時間外労働の制限	要介護状態にある対象家族を介護する労働者が、その対象家族を介護するために請求した場合には、事業主は制限時間(1カ月24時間、1年150時間)を超えて労働時間を延長してはならない
深夜業の制限	要介護状態にある対象家族を介護する労働者が、その対象家族を介護するために請求した場合には、事業主は深夜業(午後10時〜午前5時)をさせてはならない
所定労働時間の短縮措置等	常時介護を要する対象家族を介護する労働者(日々雇用を除く)に対して、事業主は対象家族1人につき、次の措置のいずれかを、利用開始から3年以上の間に2回以上の利用を可能とする措置を講じなければならない ▶所定労働時間を短縮する制度 ▶フレックスタイム制 ▶始業・終業時刻の繰り上げ、繰り下げ ▶労働者が利用する介護サービスの費用の助成その他これに準ずる制度
家族を介護する労働者に関する措置	家族を介護する労働者に対して、介護休業もしくは介護休暇に関する制度または所定労働時間の短縮等の措置に準じて、その介護を必要とする期間、回数等に配慮した必要な措置を講じるよう努めなければならない。また、介護休業をしていない労働者については、テレワークの措置を講じるよう努めなければならない(2025年4月施行)
配置転換における配慮義務	事業主は、労働者を転勤(配置の変更で就業場所の変更を伴うもの)させようとする場合において、その就業場所の変更により就業しつつ家族の介護を行うことが困難となる労働者がいるときは、介護の状況の把握、労働者本人の意向の斟酌、家族の介護の代替手段の有無を確認するなど、当該労働者の家族の介護の状況に配慮しなければならない

Part 5　参考資料

1　厚生労働省「令和5年度雇用均等基本調査(事業所調査)」

2　厚生労働省「若年層における育児休業等取得に対する意識調査」(速報値)

3　厚生労働省「妊娠中及び出産後の女性労働者が保健指導又は健康診査に基づく指導事項を守ることができるようにするために事業主が講ずべき措置に関する指針」(平9.9.25　労告105、最終改正:令元.5.7　厚労告2)

4　厚生労働省「令和3年度　仕事と介護の両立等に関する実態把握のための調査研究事業報告書(企業アンケート調査結果、労働者アンケート調査結果)」

Part 6

退職・解雇

34 採用・退職時に確認したい 秘密保持義務、競業避止義務

▶労働契約の締結に伴って発生する付随的な義務として、労働者は会社の業務上の秘密を厳守し、情報を漏洩しないよう十分な注意を払わなければならない

▶使用者が労働者の退職後に秘密保持義務や競業避止義務を課すことは、合意による特約の下で可能となるが、とりわけ競業避止義務は無限定に制約を課すことができるものではないことに注意が必要である

📖 基本解説

［1］ 労働契約上の義務

　会社の秘密を保持することは労働契約上の義務であるが、近時、とりわけ退職時などの情報持ち出しが事件として報道されるケースも見られる。

　古河鉱業足尾製作所事件（東京高裁　昭55.2.18判決）では、労働者には信義則に基づき、労働契約上当然に「使用者の業務上の秘密を洩らさない」という秘密保持義務が生じると判示され、会社の重要な機密文書を入手し、それと知りつつ第三者に漏らした者の懲戒解雇を有効とした。

［2］ 秘密保持義務を負う範囲

　秘密保持義務は、就業規則上の規定や労働契約上の定めがなくても、労働契約締結に伴って当然に生じるものとされているが、「服務規律」として就業規則に規定されていることが一般的である。また、労働者の意識づけという意味では、秘密保持を内容に含めた誓約書の提出を採用時に求めることも有効であろう。

　労働契約に伴う付随的義務である秘密保持義務は、労働契約が存在しない退職後まで負うものではない。そのため、退職後にも引き続き秘密保持義務を課す場合には、退職者との間でその旨を合意する必要がある。この

場合、退職者の職業選択または営業の自由を考慮しなければならないが、企業運営上の秘密の重要性に鑑みれば、後述の競業避止義務とは異なり、秘密保持義務については比較的幅広く制限が認められ得るといえる。ただし、保持すべき秘密の内容は限定的かつ明確にしておく必要がある。

［3］競業避止義務とその限度

　労働者は一般に、在職中は使用者と競合する業務を行わない義務を負っていると解されている（競業避止義務）が、退職者との関係では退職者の職業選択または営業の自由に照らせば、守られるべき利益が使用者にあることを前提とした上で、合意による特約をもって退職者に課そうとする制約は必要最小限度であるべきといえる。

　なお、退職後の競業避止義務の有効性は、労働者の職務内容や地位、特約の内容の合理性（禁止される競業行為の範囲、地域的な限定、制限する期間、代償措置の有無）などによって総合的に判断される（フォセコ・ジャパン・リミティッド事件　奈良地裁　昭45.10.23判決など）。

実務上のポイント

　秘密保持や競業避止など含め、退職者の行為に一定の制限を課す場合には、その合意手段として誓約書の提出が考えられる。とはいえ、誓約書という性質上、退職者の自由な意思に基づいてなされるべきものであり、誓約書の提出は強制できない。また、制約を課すことの有効性の観点からは、誓約書の提出をもって絶対的に拘束できるわけではなく、退職者にとってみれば、退職時に自らが制約される事項を並べ立てられることを前向きに捉えはしないだろう。反対に、誓約書の提出がなかったとしても、退職者による情報漏洩等で会社が損害を与えられることがあれば、損害賠償請求の対象となり得る。

　そうした中で誓約書の提出が形式的に完了したとしても、制約の有効性は内容次第であり、結局のところ会社における秘密事項の特定や情報管理等に関する日頃からの教育など、地道な対応がポイントになる。

35 労働契約終了の類型

▶労働契約終了をめぐる労使間のトラブルとしては、解雇や有期労働契約の雇止め以上に、自己都合退職に関する事案が多い
▶労働者が退職することのマイナス面ばかりに目を向けることなく、退職がもたらす影響を前向きに受け止め、組織運営、職場環境の改善に向けて対策を講じていくことが重要である

📖 基本解説

労働契約終了の類型は、［図表6-1］のとおりである。労働契約終了の理由の中でも一般的に多くを占める「自己都合退職」は、合意退職（労働者と使用者が合意して労働契約を終了させること）の一種であり、基本的には就業規則に定められている手続きに従って、退職したい旨を労働者が使用者に申し入れるところから始まる。

厚生労働省の資料によれば、民事上の個別労働関係紛争の相談件数としては、解雇や有期労働契約の雇止めよりも自己都合退職のほうが多い。これは最近になって始まったことではなく、2016年度に自己都合退職の相談件数が解雇を上回って以降、続いている傾向である［図表6-2］。

自己都合退職に関する相談では、"退職の慰留が必要以上に行われる"ケースなどが考えられ、昨今の労働力不足も背景の一つとしてあるように思われる。

👥 実務上のポイント

就業規則に定められた自己都合退職の手続きを踏むのが原則ではあるが、基本的に労働者には退職する自由がある。雇用保障が強く働く有期労働契約であれば、原則として契約期間の途中で好き勝手に辞めることはで

図表 6-1 労働契約終了の類型

```
                    ┌─ 辞 職
                    │  労働者からの一方的
                    │  な意思表示により労
                    │  働契約を終了させる
                    │
                    ├─ 合意退職 ──────── 自己都合退職
                    │  労働者と使用者が合 ── 退職勧奨による退職
労働契約           │  意して労働契約を終 ── 希望退職募集による退職
終了 ──────────────┤  了させる
                    │
                    ├─ 解 雇 ──────── 普通解雇
                    │  使用者からの一方的 ── 懲戒解雇
                    │  な意思表示により労 ── 整理解雇
                    │  働契約を終了させる
                    │
                    └─ 自然退職 ──────── 定年退職
                       労働者と使用者のい ── 契約期間満了
                       ずれの意思にもよら ── 休職期間満了
                       ずに労働契約が終了 ── 当事者の消滅
                       する                  （死亡、法人の解散）
```

きないが、その場合でも「労働契約の期間の初日から1年を経過した日以後においては、その使用者に申し出ることにより、いつでも退職することができる」（労基法附則137条）とされている。もちろん大切な労働者が退職することは、会社や上司にとって大きな痛手となるが、部下が退職することのマイナス面ばかりに目を向けることなく、本人からの退職理由や職場環境に関する意見聴取によって、今後の改善点を見つけることが大切になる。また、残されたチームメンバーに対しても適切なコミュニケーションを取ることで、退職による影響を最小限に抑えるための対策を講じていくべきである。

民事上の個別労働関係紛争相談件数の推移（相談内容別）

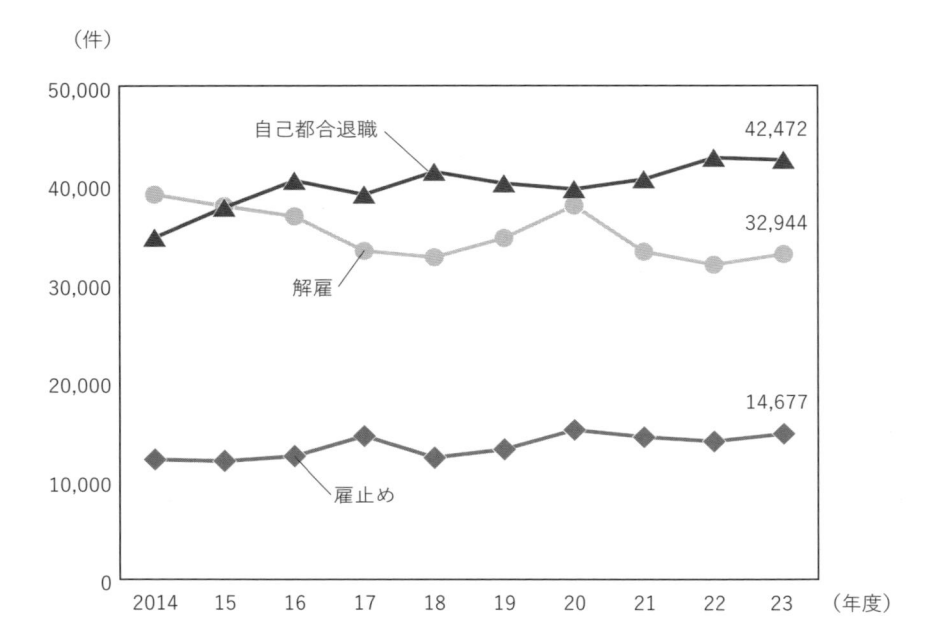

（件）

資料出所：厚生労働省「令和5年度個別労働紛争解決制度の施行状況」を一部改変

36 退職の意思表示と手続き

▶労働者からの申し出による自己都合退職の場合、退職の意思表示をする時期など、手続き面は就業規則の規定に従うことが原則である

▶自己都合退職の場合は、労働者と使用者の間で退職日も含めて最終的な合意形成を図っていくこととなる。なお、近時は、退職代行業者を通じて退職の意思表示を行うケースも見受けられる

📖 基本解説

［1］自己都合退職と辞職の違い

　退職に至るまでの経緯はさまざまだが、労働者（本項では無期労働契約を前提とする）自らの判断によって退職を申し出た場合、形式的にはいわゆる「自己都合退職」と捉えられる。自己都合退職は合意退職の一種であるため、一般的な流れとしては、労働者からの「退職願」の提出を契機として、退職日の決定も含め、退職（労働契約の解消）に向けた合意形成を図っていくこととなる［図表6-3］。この点、労働契約の解消に当たって法的には何らかの書面の提出が義務づけられているわけではないので、労

図表 6-3　退職の意思表示の形態と撤回の可否

	文書の性質	撤回の可否
退職願	使用者の承諾を前提条件として、労働者が使用者に合意解約を申し入れる文書	使用者の承諾の意思表示が労働者に到達して労働契約終了について合意がなされるまでは、信義に反すると認められる特段の事情のない限りにおいて撤回できる
退職届、辞表	労働者が一方的に解約の意思を通告する文書	使用者に到達した時点で解約告知効果が発生するため撤回できない

働者は、口頭、メール、チャットツール等で退職の意思を示すことも可能である。そのため、退職の意思が明確である限りは、会社所定の退職願が提出されていないといった理由で、会社が労働契約解消の申し入れを拒むことはできない。もっとも、後々の紛争を予防する観点では、本人から意思表示があったという事実について、何らかの目に見える形で残しておきたいので、書面での提出を求めることが必要である。

　他方、「退職願」ではなく「退職届」を提出するなどして、労働者が一方的に労働契約の解消を申し入れることで、申し入れの日から2週間の経過により労働契約が終了するという流れもある（**35** ［図表6-1］の「辞職」）。これは、良しあしは別として、「当事者が雇用の期間を定めなかったときは、各当事者は、いつでも解約の申入れをすることができる。この場合において、雇用は、解約の申入れの日から2週間を経過することによって終了する」（民法627条1項）を根拠とするものである。

［2］退職代行業者による退職意思の申し入れ

　労働者による「一方的」な申し入れについては、近時、退職代行業者を通じて退職の意思表示を行うケースが見受けられる。退職代行業者は、①民間企業、②弁護士事務所、③労働組合によるものの三つに大別できる。②弁護士であれば代理人として退職に係る交渉、③労働組合であれば労組法上の団体交渉権に基づく交渉が可能である一方、①民間企業の場合には退職の意思を伝えるという使者としての役割にとどまる。

　しかし、限定的な役割ではあるものの、本人が作成した退職届が提出され、それが本人による意思表示である限りは、弁護士や労働組合による代行と同様に受け入れるほかない。退職代行業者を通じた退職の申し入れがなされている時点で、退職手続き自体は粛々と進めざるを得ないと考えられるが、そうした事態に至ったことを契機として、職場環境の改善につながるヒントを見いだせる可能性もある。

実務上のポイント

　チームメンバーが退職の意向を固めた場合、以下のようなポイントを念頭に、退職の手続きをスムーズに進め、チームや組織全体に与える影響を最小限に抑えつつ、新たな環境でメンバーのモチベーションを高められるようにしたい。

> ▶ 退職願（退職届）の受理・確認、人事部への連絡
> ▶ 退職する部下との面談（退職理由の聴取）、組織運営や職場環境の改善点の把握
> ▶ 引き継ぎ計画の策定、業務の再配分、新担当のアサイン
> ▶ 他のメンバーへの通知とフォロー
> ▶ 退職手続きのサポート
> ▶ 退職者に、これまでの貢献に対する感謝の意を伝え、良好な関係を維持

　なお、会社における退職手続きとして問題となることの一つに「離職理由が何であるのか」、すなわち、雇用保険被保険者離職証明書の離職理由欄をいかに記載するのかというものがある。基本手当の所定給付日数が手厚くなり、給付制限期間も緩和されることを見越して、「会社都合退職」扱いにしてほしいと労働者が会社へ依頼してくるケースもあるようだが、事実に反しているのであれば、そのような依頼に応じることは不正受給にもつながるため厳禁である。

　認識している離職理由が労働者と会社とで一致しないことも起こり得るが、会社が進める手続きでは、会社が作成する「離職証明書」である以上は会社として認識している離職理由をまずは記載するほかない。仮に、退職者が求職の申し込みをする段になって離職理由に対する異議申し立てを行った場合には、会社がハローワークへ文書を提出するなどして経緯を示していくことになる。

37 退職勧奨

▶使用者側から働き掛けることで退職の合意を目指す「退職勧奨」は、本来、行わないで済むに越したことはない。しかし、現実には問題解決の着地点として有効な手段ともなり得る
▶退職勧奨は合意退職の一種であり、あくまで労働者の自由意思に基づく合意が前提となる。退職勧奨の前段階として、まずは問題点を改善すべく注意や指導・教育など手を尽くす必要がある

基本解説

[1] 退職勧奨の位置づけ

退職勧奨は、35 ［図表6-1］の「合意退職」の一種であり、相応の理由があって使用者側から働き掛けることで退職の合意を目指そうとするものだが、あくまで合意に基づく決着であるため、退職勧奨に至る前段階も含めたプロセスが重要である。

退職を勧奨すること自体は、退職の判断を労働者の自由意思に委ねるものであって、その手段・方法が社会通念上相当と認められる限りは適法となる。しかし、その過程において、例えば長時間にわたり執拗に説得行為を繰り返す、退職届の提出を強要するなどして、労働者に対して不当な心理的圧力を加えるようなことがあれば、退職勧奨は民法上の不法行為ともなり得る。

[2] 退職勧奨を行う際の留意点

退職勧奨に至る前段階も含めたプロセスについては、例えば労働者の能力や適性に問題などがある場合、その問題点を改善すべく、まずは時間をかけて注意や指導・教育を丁寧に行う必要がある。その際には、"何が問題なのか""会社としてどう改善することを求めているのか"を具体的に伝

えることが重要であり、認識を適宜擦り合わせる意味も含め、そうしたプロセスについての履歴を（会社として行ったことのみならず、労働者側の反応も含めて）記録として残しておくことも必須といえよう。労働契約の存続は労働者にとって重大事である以上、相応の時間と労力をかけることは避けられない。そのようにして会社として手を尽くしてきた経緯がなければ、労働者としても退職勧奨には容易に応じ難いだろう。

　また、使用者側からの退職の働き掛けである以上、相応の理由が求められる。その上で、労働者に応じてもらうためには、法的に必須ではないものの、提示する条件の内容（例えば割増退職金の支給や再就職のあっせんなど）について十分に検討を尽くすべきである。

　労働契約解消の手段として解雇を回避したい場合に退職勧奨が有効に働く面もあるが、あくまで労働者本人の自由意思に基づく合意であるという大前提を念頭に置いた上で、丁寧に進めていく必要がある。

実務上のポイント

　いわゆる問題社員への対応として退職勧奨を行う際は、改善に向けて会社としても十分に手を尽くしたといえる状況にあることが、前提条件として必要である。もちろん労働者との合意次第ではあるので、短い期間で退職勧奨を行って結果的に合意に至るケースもあり得るが、合意に至らなければ深い溝が残り、信頼関係の失墜にもつながるなど、会社にとってはマイナスしかないだろう。

　退職勧奨は進め方を誤ると重大なトラブルにつながる可能性が高い。人事部あるいは上司のどちらが勧奨を行うのかはケースバイケースといえるが、上司としては、退職勧奨を行う理由となる証拠（能力不足、勤務態度不良、問題行動などに関する記録）や改善に向けた指導の実績（面談の記録、指導書、警告書）などの資料はきちんと整理しておき、人事部や弁護士等の専門家と連携していくことが重要になる。

▶解雇の種類には「普通解雇」「懲戒解雇」「整理解雇」がある
▶使用者からの一方的な意思表示である解雇は、労契法上の解雇権濫用法理との兼ね合いで無効となるリスクを大いに抱えることとなり、容易には有効とならないとの認識の下、あらゆる手を尽くした上での最終手段と捉えておくべきである

基本解説

［1］解雇の定義と運用

　解雇は、①普通解雇、②懲戒解雇、③整理解雇に区分できる［図表6-4］。有効な解雇をすることは使用者にとって容易ではなく、あらゆる手を尽くした上での最終手段と捉えておくべきである。以下、本項では、主に①普通解雇と②懲戒解雇を念頭に解説する。

　解雇は合意退職とは異なり、会社からの一方的な意思表示によって労働契約を終了させるものである。労働者からの訴えがあった場合には、解雇権濫用法理（詳細は［2］で後述）によって解雇が無効となるリスクを大いに抱えることとなり、現実問題として解雇のハードルは非常に高い。つまり、解雇という手段を用いる以上は、争いを覚悟の上で行うことを念頭に置く必要があり、加えて以下の点をクリアしなければならない。

❶解雇の事由を就業規則に規定していること
❷30日前に予告するか、解雇予告手当を支払うこと
❸法的に解雇が禁止されているケースに該当していないこと

　ここでは❶について触れ、❷❸は 39 で詳しく解説する。
　解雇の事由は、就業規則の絶対的必要記載事項（必ず記載しなければな

図表 6-4　解雇の種類

種別	適用場面／解雇事由の例
普通解雇	**従業員との労働契約を継続するのが難しい事情があるときに行う解雇** ▶勤務成績の不良 ▶職務上の怠慢・怠惰 ▶他の従業員との協調性の欠如 ▶精神または身体の障害による勤務不能
懲戒解雇	**従業員が重大な企業秩序に反する行為を犯したことに対する解雇** ▶採用時の重大な経歴詐称 ▶企業秘密の漏洩 ▶会社の金品の無断持ち出し ▶窃盗、横領、傷害など刑事犯に該当する行為 ▶2週間以上正当な理由がなく無断欠勤し、会社の出勤要請に応じない ▶他の従業員へのハラスメント行為
整理解雇	**会社の経営悪化により人員整理を目的として行う解雇** 労働者を解雇する前に、解雇を回避するための方策を尽くすことが必要である。さらに、以下の要件が問われるので慎重な判断、対応が求められる ①人員削減の必要性 ②解雇回避努力 ③人選の合理的な基準 ④手続きの妥当性（労使間での協議）

らない項目）の一つであることから（労基法89条3号）、就業規則に規定しなければならない。就業規則に解雇事由を定めた場合、普通解雇であれば、この解雇事由はあくまで例示的に列挙したものであり、直接的に該当しなければ解雇できないわけではないというのが通説的見解である。一方で、懲戒解雇は規定されている事由に限定されると解されている。このような理論上の違いはあるが、企業防衛の観点からは、普通解雇・懲戒解雇のいずれでも、想定される解雇事由を詳細に明記しておくことが実務対応上の基本といえる。

［2］解雇権濫用法理

　解雇権濫用法理とは、客観的に合理的な理由を欠き、社会通念上相当であると認められない解雇を権利濫用として無効とする法的ルールである（労契法16条）。

　「客観的に合理的な理由」としては、①労務提供の不能や労働能力または適格性の欠如・喪失、②職場規律（企業秩序）の違反行為、③経営上の必要性に基づくもの（経営不振による人員整理等）などが挙げられる。また、「社会通念上の相当性」については、解雇事由が重大な程度に達し、他に解雇を回避する手段がなく、労働者側に宥恕すべき事情〈編注：許すべき事情〉がほとんどない場合に認められると解される。

実務上のポイント

　従業員が能力不足や勤怠不良などの問題を抱えている場合、強行的な手段に打って出る前に、管理職は改善に向けた粘り強い教育・指導等を行い、そうした対応の履歴を記録に残すなど、相応の時間と労力をかけたプロセスを踏む必要がある。そうしたプロセスを経てもなお改善の見込みが立たない場合の最終手段が解雇であり、また、労働契約の解消を見据えてトラブルを決着させていこうとする場合の手段としては、解雇の前に退職勧奨が選択肢になるということを理解しておきたい。

39 解雇の有効性にまつわる問題

▶解雇案件が争いとなれば、当該解雇の有効性は最終的に解雇権濫用法理に基づいて判断される

▶解雇の有効性に関わる問題として、事前にいくつかの法的な要請に沿った対応を行っておく必要がある

▶何よりも重要なのは、解雇に至るまでに会社として手を尽くしてきた経緯がいかなるものであったのかである

基本解説

［1］解雇の予告手続き

解雇が有効となる要件は、解雇権濫用に当たらないことに加え、①解雇の事由を就業規則に規定し、②予告手続きを踏むことと、③法的に解雇が禁止されているケースに該当していないことである（**38**参照）。

②解雇の予告手続きとしては、30日前の予告もしくは解雇予告手当の支払いが必要である［図表6-5］。ただし、「天災事変その他やむを得ない事由のために事業の継続が不可能となった場合または労働者の責に帰すべき事由に基づいて解雇する場合」であって、所轄労働基準監督署長の認定を受けていれば、予告手続きが不要となる（労基法20条）。

この予告手続きは、強行法規たる労基法に基づく要請であるため、これに反する解雇（即時解雇）は無効となる。なお、通達では「使用者が解雇する意思があり、かつその解雇が必ずしも即時解雇であることを要件としていないと認められる場合には、その即時解雇の通知は法定の最短期間である30日経過後において解雇する旨の予告として効力を有する」（昭24.5.13　基収1483）とされている。

［2］解雇が禁止されるケース

　法的に解雇が禁止されているケースは、［図表6-6］のとおり。労基法19条に規定された「解雇制限」に加え、労組法上の不当労働行為として禁じられているものがある。そのほか、各種法令上の不利益取り扱いとして禁じられているものは Part 1 の 8 を参照してもらいたい。

図表 6-5　解雇する際の手続き

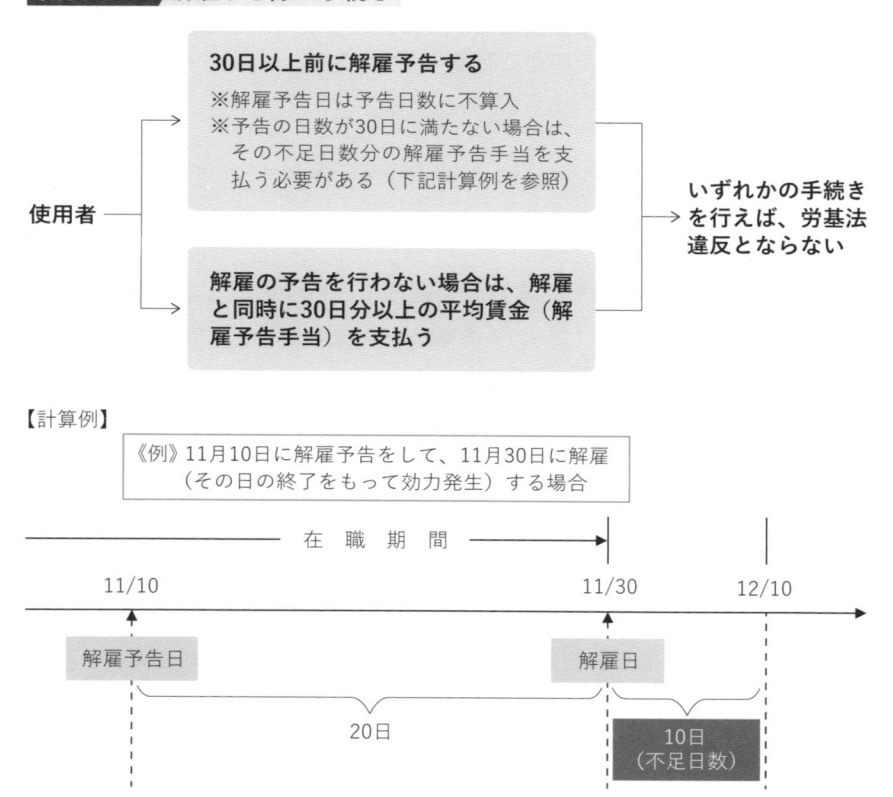

【計算例】

《例》11月10日に解雇予告をして、11月30日に解雇
　　　（その日の終了をもって効力発生）する場合

上記のケースでは、予告日から解雇日まで20日しかない
30日に満たない日数（10日分）は、解雇予告手当（平均賃金の10日分以上）を支払うことで11月30日に解雇することができる

資料出所：岩手労働局「労働基準法のあらまし」を一部改変

図表 6-6 ▶ 法律で禁止されている解雇

内　　容	条　　文
客観的に合理的な理由を欠き、社会通念上相当であると認められない解雇	労契法16条
労働者の国籍、信条、社会的身分を理由とする解雇	労基法 3 条
業務上の疾病による休業期間とその後30日間の解雇	労基法19条
産前産後の休業期間とその後30日間の解雇	労基法19条
解雇の予告または解雇予告手当の支払いを行わない解雇	労基法20条 1 項
法令等違反の事実を労働基準監督署等に申告したことを理由とする解雇	労基法104条 2 項、安衛法97条 2 項
労働組合を結成したり、組合活動を行ったりしたことを理由とする解雇	労組法 7 条 1 号
労働委員会に対し、不当労働行為の救済を申し立てたことなどを理由とする解雇	労組法 7 条 4 号
労働者の性別を理由とする解雇	均等法 6 条 4 号
女性労働者が婚姻、妊娠、出産したこと、産前産後の休業をしたことなどを理由とする解雇	均等法 9 条 2 項、 3 項
職場におけるハラスメントに関して相談を行ったことや雇用管理上の措置に協力して事実を述べたことを理由とする解雇	均等法11条 2 項、11条の 3 第 2 項、育介法25条 2 項、労働施策総合推進法30条の 2 第 2 項
都道府県労働局長に紛争解決の援助を求めたこと、または調停を申請したことを理由とする解雇	均等法17条 2 項、18条 2 項
育児休業、介護休業、子の看護休暇、介護休暇等の申し出や取得などを理由とする解雇	育介法10条、16条、16条の 4 、16条の 7 、18条の 2 、20条の 2 、23条の 2
公益通報をしたことを理由とした解雇	公益通報者保護法 3 条
都道府県労働局長に紛争解決の援助を求めたこと、またはあっせんを申請したことを理由とする解雇	個紛法 4 条 3 項、 5 条 2 項

［注］　その他の事由については、Part 1 の［図表1-8］「不利益取り扱いが禁止されている主な事由」を参照。

解雇権濫用法理に基づき解雇が有効になるためには、①客観的に合理的な理由があること、②社会通念上相当と認められることが必要となる。客観的に合理的な理由としては、❶傷病等による労働者の労働能力の喪失・低下、❷能力不足または適格性の欠如、❸労働者の非違行為などが挙げられる。一方、社会通念上の相当性は法律上の明確な基準がないため、判断が難しい。労働者の能力不足や勤務態度を理由として解雇する場合では、業務に支障を来す程度や職場秩序に与える影響、教育・研修による本人の改善見込み、前後の勤務状況などを総合的に判断することになるため、解雇の有効性のハードルは極めて高い。例えば問題社員の対応であれば、一般的な感覚としては「そこまでやらなくてはいけないのか？」と感じるほどに時間をかけた丁寧な改善指導のプロセスを経た上でないと、解雇が有効となるのは基本的に難しいと考えておくべきである。解雇に至るまでに会社・管理職として手を尽くしてきた経緯がいかなるものであったのかという点が非常に重要である。

Part 7

懲戒処分

40 懲戒処分の種類

▶懲戒処分は、企業秩序の維持を目的とした使用者による制裁罰である
▶懲戒処分の運用が恣意的になることは許されず、就業規則上の根拠に基づき、厳格な手続きと非違行為の事実に対する処分の相当性が求められる

📖 基本解説

［1］懲戒処分とは

　懲戒処分は、企業秩序の維持を目的として使用者が労働者に科す制裁罰である。この点、国鉄中国支社事件（最高裁一小　昭49.2.28判決）では、従業員は雇用されることによって企業秩序の維持確保を図るべき義務を負担しており、使用者が従業員に科す懲戒は、広く企業秩序を維持確保し、企業の円滑な運営を可能ならしめるものと判示されている。

［2］懲戒処分の種類

　懲戒処分の種類は、公序良俗に反しない範囲内で事業場ごとに決めることが可能である。一般的には譴責、減給、降格・降職、出勤停止、諭旨解雇、懲戒解雇を設定している企業が多い［図表7-1］。

［3］恣意的な運用の回避

　懲戒処分が企業秩序の維持を目的としていること、また、制裁罰であるという性質を踏まえると、その運用が恣意的になることは許されない。そのため、就業規則に明確な根拠を置くことに加え（詳細は **41** 参照）、実際に懲戒処分を科す際には、処分決定に当たっての厳格な手続きと非違行為の事実に対する処分の相当性が求められる。

　懲戒の対象となる事由に関しては、労働者の行為の性質および態様、その他の事情に照らして、「客観的に合理的な理由を欠き、社会通念上相当

図表 7-1 懲戒処分の種類と概要

譴責

- ▶ 始末書を提出させて将来を戒めること
- ▶ 始末書の提出を伴わない「戒告」もある

減給

- ▶ 本来支給すべき賃金から一定額を差し引くこと
- ▶ 減給額については一定の制限がある

降格・降職

- ▶ 役職・職位・資格等級などを引き下げること
- ▶ 賃金の低下を伴うケースが多い

出勤停止

- ▶ 一定期間、就労を禁止すること（自宅謹慎など）
- ▶ 出勤停止期間中は、賃金が支給されない

諭旨解雇

- ▶ 退職願・辞表を提出させ、自主的に退職するよう促すこと
- ▶ 所定期間内に応じない場合は、懲戒解雇することが多い

懲戒解雇

- ▶ 解雇予告等を行わず、即時に解雇すること
- ▶ 退職金は、減額または不支給となることもある

軽 ← 処分の程度 → 重

であると認められない場合」は、権利を濫用したものとして無効とすると定められている（労契法15条）。懲戒事由に合理性がない場合には、それに基づいた懲戒処分が懲戒権の濫用と判断されることにもなり得る。

実務上のポイント

　非違行為の内容や諸般の背景によっては、"より重い処分を科さなければならない"という感情面が反射的に強く働いてしまうケースもあるかもしれない。しかし、（事案によってはスピードを要する場合もあるものの）拙速な懲戒処分の決定は厳禁であり、懲戒処分の目的である「企業秩序の維持」を念頭に、客観性を持って慎重に検討する必要がある。

41 懲戒処分の適正な運用と留意点

▶懲戒処分の検討に当たっては、「企業秩序の維持」が目的であるという大原則を念頭に置かなければならない
▶懲戒処分の有効性の判断は、就業規則において懲戒事由が規定されていることを前提とし、従業員が被る不利益も踏まえ、手続きの相当性や非違行為に対する処分の相当性などが厳格に問われる

📖 基本解説

［1］有効性の判断基準

　企業には、企業秩序を維持する権限があり、その企業秩序が従業員の非違行為によって失われた場合には、労働契約上の不利益措置である懲戒処分という手段をもって制裁を科すことが選択肢となり得る。「企業秩序の維持」という目的の下で懲戒処分を行える一方、従業員にとっては不利益措置でもあるため、その有効性は以下の観点から厳格に判断されることとなる（併せて［図表7-2］参照）。

①**罪刑法定主義**：就業規則に懲戒処分の根拠（懲戒事由、懲戒の種類）を定めておく必要がある

②**不遡及の原則**：後から規定を作り、過去の行為について遡及して処罰することはできない

③**一事不再理の原則**：一度、懲戒処分を行った場合には、同じ非違行為について再度懲戒処分を科すことはできない

④**相当性の原則**：非違行為と処分の内容とが釣り合ったものであること

⑤**比例原則**：過去の同様の非違行為と比べて、不均衡な取り扱いをしてはならない

⑥**適正手続きの原則**：就業規則に規定された懲戒事由に事案が該当していること。就業規則に定められている処分手続き（調査の方法、弁明の機会の付与、処分の決定方法など）を厳守すること

図表 7-2 懲戒処分の有効性

【懲戒権の根拠】

> 就業規則での規定の有無（懲戒事由、懲戒の種類）

⇒使用者が労働者を懲戒することができる場合

【合理性】

> 就業規則に規定された懲戒事由への該当性

⇒懲戒を行うことの「客観的に合理的な理由」が存在する場合

【相当性】

> ・処分の対象となる事由と処分の内容との釣り合い
> ・過去事例との均衡

> 懲戒処分を行うまでの手続きの適正性

⇒懲戒が「社会通念上相当である」と認められる場合

有効な処分

不遡及の原則   一事不再理の原則

［2］ 就業規則への規定と周知

　使用者が懲戒処分を行うためには、その根拠となる規定が就業規則にあることが大前提となり、これが「使用者が労働者を懲戒することができる場合」（労契法15条）に当たる。この点、フジ興産事件（最高裁二小　平15.10.10判決）でも、「あらかじめ就業規則において懲戒の種別及び事由を定めておくこと」に加え、「労働者に周知させる手続が採られていることを要する」とされている。

　なお、就業規則に定める懲戒事由は限定的に解釈されるので、網羅的に規定しておく必要がある。

［3］ 非違行為の懲戒事由への該当性

　就業規則における規定の存在を前提として、懲戒処分を行おうとする「客観的に合理的な理由」（労契法15条）があること、すなわち規定された懲戒事由に非違行為が該当していることが必要となる。また、形式的に該当していることにとどまらず、非違行為の性質や態様、個別具体的な事情等を踏まえて懲戒処分の必要性を検討しなければならない。

［4］ 懲戒事由と処分内容の均衡

　処分の対象となる懲戒事由と処分の内容とは"釣り合っている"こと（企業秩序維持の必要性と従業員が懲戒処分によって被る不利益とが均衡していること）が求められる。

　この点、判例（国鉄中国支社事件、 **40** 参照）では、非違行為の態様、その原因、動機、状況、結果等だけでなく、懲戒対象者の態度や懲戒処分等の処分歴、社会的環境、他の社員に与える影響等、諸般の事情を総合考慮した上で、「企業秩序の維持確保という見地から考えて相当と判断した処分を選択すべき」とされている。加えて、社内における懲戒処分の過去事例における処分の重さとの均衡も考慮する必要がある。

［5］ 手続きの相当性

　懲戒処分の有効要件としては、手続き面の相当性も挙げられる。従業員が不利益を負うこととなる制裁罰という懲戒処分の性質を踏まえると、懲

戒処分の決定に至るまでには適正な手続きが求められる。そのため、就業規則等で懲罰委員会の開催などを定めている場合には、そうした手続きを着実に履行しなければならない。

　なお、適正手続きの一環として、「弁明の機会の付与」は特に重要である。法的な義務ではないものの、就業規則等に定めがある場合はもちろん、定めがない場合でも付与すべきと考える（テトラ・コミュニケーションズ事件　東京地裁　令３.９.７判決）。また、懲戒処分においては、刑事罰と同様に、「不遡及の原則」や「一事不再理の原則」といったルールが妥当するとされている。

実務上のポイント

　懲戒処分は、事実認定を踏まえた上での客観性を保った手続きが必要であり、安易な処分決定は厳禁である。ポイントの一つである「企業秩序維持の必要性と従業員が懲戒処分によって被る不利益とが均衡していること」を踏まえると、重い処分を科すことができるケースは限られる。筆者がこれまでに扱った相談事例でも、「懲戒処分を行うとしても、今回は譴責程度でしょう」と助言するケースは少なくない。

非違行為の事実確認と その方法

▶懲戒処分の有効要件の一つである「就業規則に規定された懲戒事由に事案が該当していること」を判断する上では、非違行為について十分な事実確認を行う必要がある
▶事実確認の方法としては、客観的な証拠となる資料の収集や、行為者および関係者に対するヒアリングの実施が想定される

📖 基本解説

[1] 事実確認の重要性

　実際に懲戒処分を検討する際、まずは非違行為について事実確認を行って状況を詳細に整理しておくことが非常に重要となる。この事実確認が不十分だと、懲戒処分を実施することの要否（懲戒処分の有効要件の一つである「就業規則に規定された懲戒事由に事案が該当していること」）の判断すらできなくなってしまう。懲戒処分の検討を進めるに当たり、初動の段階で丁寧な事実確認を行うことは、懲戒処分の必要性を見誤らないために必要不可欠である。

[2] 行為者に対して自宅待機を命じる場合

　非違行為をしたとされる者（以下、行為者）による証拠隠滅等を防止するために、"業務命令"として自宅待機を命ずることも考えられる。そのような命令自体は、合理的な理由がある限り可能で、懲戒処分とは異なるため二重処分にはならない。ただし、自宅待機中の賃金は通常どおり支給することが原則となる。

[3] 電子メール等のモニタリング

　事実確認の方法としては、一つ目には客観的な証拠となる資料の収集が挙げられる。具体的な収集先として、例えば会社が行為者へ貸与している

パソコンにおける電子メールの送受信履歴を確認することも考えられるが、その場合には、プライバシー権の保護との兼ね合いが問題となる。この点、電子メールの取り扱いに関する規定が存在しない場合でも、調査の必要性が認められ、合理的範囲で行われる限り、モニタリング調査は適法であると解される（F社Z事業部事件　東京地裁　平13.12.3判決、日経クイック情報〔電子メール〕事件　東京地裁　平14.2.26判決）。もっとも、実務対応としては、電子メールをモニタリングする可能性について就業規則に規定し、周知しておくことが望ましい。

［4］行為者および関係者に対するヒアリング

　もう一つの事実確認としては、行為者および関係者に対するヒアリングがある。行為者のみにとどまらず、関係者にもヒアリングを実施することで、より客観的な裏づけを取ることが可能となる。

　この点、管理監督者のように、職責等から調査に協力することが職務内容と判断される場合は、ヒアリングに協力する義務を負うこととなる。一方で、役職に就かない一般社員等については、調査対象である違反行為の性質や内容、違反行為を見聞きする機会の有無などの事情から総合的に判断して、必要かつ合理的であると認められる範囲においてのみ、調査に協力する義務を負うとされている（富士重工業事件　最高裁三小　昭52.12.13判決）。

実務上のポイント

　職場における非違行為の事実確認は、組織の管理体制や状況によってその態様が異なるが、多くは現場の管理職が初動対応を行い、その後の詳細な調査や対応は人事部が担当するという流れが多いと思われる。初動対応を担う管理職がヒアリングを行う際には、次の点に気をつけるとよいだろう。

- ・先入観を持たず、中立的な立場で話を聞くことが重要であり、感情的にならず、冷静に事実を確認していく
- ・安心して話せる環境を提供するため、ヒアリングは、他の従業員には見えない場所で行い、プライバシーに配慮する
- ・いつ、どこで、誰が、何を、どうしたといった具体的な質問をすることで、情報を漏れなく押さえ、事実関係を明らかにしていく
- ・誤解や記憶違いを防ぐためにも、ヒアリング内容を正確に記録し、後で確認できるようにしておく

　なお、非違行為の事実確認として関係者にヒアリングする場合には、時間の経過とともに調査対象者の記憶が曖昧になることからも、早期に行うことが望ましい。ただし、前記の裁判例のとおり、一般社員のヒアリングへの協力義務は無制限に認められているわけではないという点に留意が必要である。

43 無断欠勤・遅刻・早退と懲戒処分

▶無断欠勤の場合、「2週間以上」が懲戒処分の目安になる

▶無断欠勤や遅刻・早退が繰り返される状況が見られた段階で、まずは注意・指導を行う必要があり、それが積み重なってきた場合に初めて懲戒処分が選択肢となる

基本解説

［1］懲戒処分を行う前の注意・指導

労働契約では、所定労働時間内に労務の提供を約束しているため、自身の判断で欠勤や遅刻・早退は自由にできない。この点は、ある意味「当たり前」といえるものの、やむを得ない欠勤や遅刻・早退であれば、事前に（事情によっては事後速やかに）所属長等の許可を得るといったルールを就業規則に規定して周知徹底しておくことが、懲戒処分の実施を考えた場合にも（会社として注意喚起している根拠ともなるため）必要な対応である。

そのような対応をした上でも、無断欠勤や遅刻・早退が見られた場合には、いきなり懲戒処分とするのではなく、まず注意・指導を行う。それでもなお勤怠不良が繰り返され、注意・指導が積み重なってきた場合に初めて懲戒処分が選択肢となる。本人の態度改善に向けて注意・指導を適切に行わず、突然に懲戒処分を科すのは合理性に欠け、無効となる場合がある。問題点を明確に指摘した上で改善のチャンスを与えることが必要である。

［2］無断欠勤に対する懲戒処分

無断欠勤に対する懲戒処分の場合、労基法上の解雇予告が不要となる「労働者の責に帰すべき事由に基づいて解雇する場合」（20条1項）に当てはまる可能性がある。

この「労働者の責に帰すべき事由」については、通達で「労働者の地位、職責、継続勤務年限、勤務状況等を考慮の上、総合的に判断すべき」とされ、同法の「保護を与える必要のない程度に重大又は悪質なもの」である場合など、限定的に解釈されている（昭23.11.11　基発1637、昭31.3.1　基発111）。そして同通達では、認定すべき事例の一つとして「原則として2週間以上正当な理由なく無断欠勤し、出勤の督促に応じない場合」を挙げている。

　そのため、無断欠勤の場合には「2週間以上」が期間としての一応の目安になる。ただし、単に期間の長さだけで判断しないよう注意が必要である。前述の「改善のチャンスを与える」こととも関連するが、上記通達において「出勤の督促に応じない場合」とは、無断欠勤の状態をただ見過ごしているのではなく、電話やメール等による連絡、あるいは自宅への訪問など、会社として採り得る一定のアクションを重ねている場合であり、これらのことが懲戒処分の前段階として必要となる。

実務上のポイント

　部下が無断欠勤を繰り返す場合、現場の管理職としては、事案の発生後、行為者への注意・指導を速やかに行い、1回の注意・指導でも改善されない場合は、一定の期間を空けて再度注意・指導を行うなど、複数回実施することが望ましい。また、注意・指導の実績を書面等で記録化して残しておき、後に必要となった際にこれを証拠とするとよい。

　また、就業規則の規定についても留意点を挙げておく。就業規則に定める懲戒事由として、「正当な理由なくしばしば欠勤、遅刻、早退をしたとき」といった規定を目にすることがある。この場合、懲戒処分の有効性の判断において「しばしば」という副詞の定義が争点ともなり得る。確かに一度や二度の勤怠不良で懲戒処分ができるわけではないが、そうした頻度の面は実際に懲戒処分を実施するかどうかの判断時に考慮すればよいわけであって、あえて規定に言葉として入れる必要はないと考える。

44

配置転換命令の拒否と懲戒処分

▶配置転換（以下、配転）命令に対し、労働者は従う必要がある（人事権の濫用と評価される場合は除く）

▶正当な理由のない配転命令拒否は懲戒処分の対象となり得る。ただし、いきなり懲戒処分とはせず、まずは丁寧な説明により説得することなどが求められる

▶育児・介護を行っている労働者の場合には、配置に関する配慮義務があることに留意が必要である

基本解説

［1］配転命令の根拠

業務命令に従うことは、労働契約の締結に伴って付随的に発生する労働者としての義務の一つであり（ Part 1 の 5 参照）、配転などの人事異動に係る命令については、就業規則および労働契約における定めを根拠とした上で、使用者に比較的広い裁量が認められている。

就業規則上の根拠としては、人事異動についての個別具体的な要件を規定することまでは求められず、「業務上必要がある場合」といった抽象的な規定で足りると考えられる。ただし、転居を伴う転勤の場合には、人事権の濫用として無効とならないよう留意が必要である［図表7-3］。

［2］配転命令の拒否に対する懲戒処分

業務上の必要性に基づいて行われる配転命令であって、不当な動機・目的がなく、配転によって労働者が負う不利益が通常甘受すべき程度を著しく超えるものではない場合には、当該命令は有効となり、労働者はそれに従う必要がある。そのため、正当な理由なく配転命令を拒否すれば懲戒処分（懲戒解雇を含む）も可能というのが原則的な考え方となる。

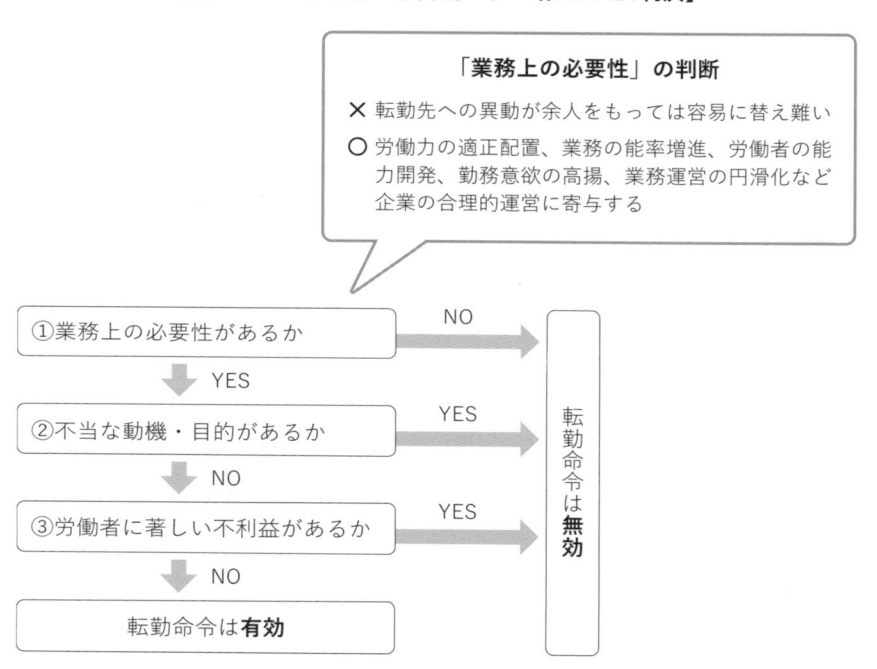

図表 7-3 転勤命令の有効性の判断

【東亜ペイント事件　最高裁二小　昭61.7.14判決】

「業務上の必要性」の判断

✕ 転勤先への異動が余人をもっては容易に替え難い

◯ 労働力の適正配置、業務の能率増進、労働者の能力開発、勤務意欲の高揚、業務運営の円滑化など企業の合理的運営に寄与する

①業務上の必要性があるか　NO

YES

②不当な動機・目的があるか　YES

NO

③労働者に著しい不利益があるか　YES

NO

転勤命令は**有効**

転勤命令は**無効**

　とはいえ、配転命令の拒否に対して、いきなり懲戒処分を実施するのではなく、配転の必要性などを改めて丁寧に説明して説得を試みたり、場合によっては別の選択肢を検討したりすることが必要だろう。

　また、育児・介護を行っている労働者の場合には、就業場所の変更により育児や介護を行うことが困難となる者について、その状況に配慮しなければならないとされていることにも留意いただきたい（育介法26条）。

実務上のポイント

　配転命令の根幹には「業務上の必要性」があるが、近年では労働者自身のキャリア形成、女性の就業率向上、共働き世帯の増加、少子高齢化に伴う労働力人口の減少などの社会経済情勢の変化を受けて、使用者の説明責任がますます重要になってきている。

　なお、配転命令の有効性に関する最新の最高裁判決として、滋賀県社会福祉協議会事件（最高裁二小　令6.4.26判決）がある。技術職として長年勤務した労働者を事務職に配転することの妥当性が争われた事案で、使用者と労働者との間に「職種限定合意」がある場合、使用者は労働者の個別的同意なしに当該合意に反する配転を命ずる権限を有しないとの判決が下された。同判決を踏まえると、例えば、研究職やエンジニア、営業職等の職種を定めて雇用している従業員に対して配転を実施しようとする際は、各人から個別に同意を得ておく必要があり、同意がない配転命令を拒否したからといって懲戒処分はできない。

45

盗取や横領などの不正行為と懲戒処分

▶盗取、横領、傷害等の刑法犯に該当するケースでは、会社が被った損害に加え、会社の業態や労働者の職種に照らし不正行為の悪質性が高いものであった場合、懲戒解雇も選択肢となり得る

▶争いとなる可能性に備える意味で、ヒアリングに基づく材料のみならず、客観的な証拠による裏づけを取った上で懲戒処分を検討すべきである

基本解説

［1］盗取、横領、傷害等に対する解雇

　労基法上の解雇予告が不要となる「労働者の責に帰すべき事由に基づいて解雇する場合」（20条1項）に関して、認定すべき事例の一つとして「盗取、横領、傷害等刑法犯に該当する行為」を挙げている（昭23.11.11基発1637、昭31.3.1　基発111）。具体的には、①事業場内における悪質な行為の場合や、②使用者があらかじめ不祥事件の防止について手段を講じており、労働者が継続的または断続的にこうした行為に及んだ場合、③事業場外の行為でも著しく会社の名誉・信用を失墜するもの等である場合が該当する。

［2］懲戒処分の検討

　こうした非違行為（不正行為）については、改善のチャンスを与えることになじまない場合が多いと考えられ、最初から懲戒解雇も含めた重い処分を科すことも視野に入ってくる。

　この点、ソニー生命保険事件（東京地裁　平11.3.26判決）は、生命保険会社のライフプランナーが、顧客の情報が入った会社貸与のパソコンを半年間で合計3回にわたって質入れし、質流れさせた事案に関して、営業社員の業務には顧客から保険料などの金銭を預かることも含まれており、

金銭にはとりわけ潔癖性が要求されるとして、懲戒解雇を有効とした。この裁判例を参考にすると、会社が被った損害はもとより、会社の業態や労働者の職種にも照らした不正行為の悪質度合いも、懲戒処分における有効性の判断要素になるといえよう。なお、争いとなる可能性に備えるという観点でいえば、こうした不正行為の事案では、その行為についての立証が懲戒処分の有効性に大きく影響する。そのため、ヒアリングに基づく材料のみならず、客観的な証拠による裏づけを取った上で懲戒処分を検討すべきである。

［3］管理監督者の責任

　不正行為の事案では、管理監督者（行為者の上司）の監督責任も問題となり得る。

　この点、就業規則において、監督不行き届きを理由とした懲戒処分の可能性について規定している場合もある。ただし、部下の不正行為をもって管理監督者が当然に責任を負うわけではなく、管理監督者としての義務違反や職務懈怠があることが責任を問う前提となる。

　処分がなされるとしても、管理監督者の過失の程度に応じて譴責や減給といった比較的軽い量定のケースが多いと考えられるが、義務違反等の程度が甚だしい事情があれば、それより重い処分も相当とされることがある。裁判例では、部下の横領行為に対する監督責任を理由とした懲戒解雇を有効としたケース（関西フエルトファブリック事件　大阪地裁　平10.3.23判決）もあるため、管理職としては、部下が不正行為に及ばないよう日頃から適切な管理・指導等をすることが求められる。

実務上のポイント

　職場で盗取や横領などの不正行為を未然に防ぐために、管理職としては、次のような取り組みが求められる。

- 従業員のコンプライアンス意識を高めるためにも、従業員に対して不正行為のリスクや影響、違反が発覚した場合の処罰について説明する機会を設ける
- 不正行為を匿名で報告できる内部通報制度を周知することで、安心して通報できる環境をつくるとともに、不正行為への抑止力を高める
- 不正行為の機会を減らすとともに、不正が起きた際の原因究明を迅速に行えるように、重要な資産や情報へのアクセスを制限するなど利用権限の範囲を最小化する

　一方、不正行為の事案では、その行為の立証が非常に重要となる。そうした事案を会社として早期に把握するためには、内部通報体制も含め、社内における情報提供・共有体制の整備と運用状況の見直しが肝要といえる。そうした社内制度の周知や通報者に対する不利益取り扱いの禁止など、制度の実効性担保に向けた取り組みが求められる。

Part 8

ハラスメント

46

職場における
ハラスメントの種類

▶ハラスメント防止対策は労務管理における最重要テーマの一つである
▶ハラスメントは、職場にもたらす悪影響が非常に大きいことから、法律の範囲にとらわれ過ぎることなく、防止に向けた全社的な取り組みを継続して行うことが求められる

📖 基本解説

［1］労働法令におけるハラスメントの種類と定義

近年、「○○ハラスメント」というさまざまな言葉を見聞きすることが増えている。労働法令ではハラスメント行為そのものを禁じるというアプローチではなく、ハラスメント防止のための措置を講じることを事業主に義務づけている。防止措置の対象となるハラスメントは、パワーハラスメント（以下、パワハラ）、セクシュアルハラスメント（以下、セクハラ）、妊娠・出産・育児休業等に関するハラスメント（マタニティハラスメント等。以下、マタハラ等）であり、職場におけるこれらのハラスメントによって労働者の就業環境が害されることのないようにするため、事業主が講ずべき雇用管理上の措置義務が各法令で定められている［図表8-1、8-2］。

［2］指針で明記されているSOGIハラ

いわゆるSOGIハラ（性的指向〔Sexual Orientation〕および性自認〔Gender Identity〕に関するハラスメント）については、パワハラの防止措置を定めている労働施策総合推進法に基づく指針[1]（いわゆる、パワハラ防止指針）の中で、「労働者の性的指向・性自認や病歴、不妊治療等の機微な個人情報について、当該労働者の了解を得ずに他の労働者に暴露すること」が「パワハラに該当すると考えられる例」の一つとして挙げられている。

図表 8-1　労働法令におけるハラスメントの種類

防止措置の対象となるハラスメント	パワハラ	セクハラ	マタハラ等	
			妊娠・出産等に関するハラスメント	育児休業等に関するハラスメント
根拠法令	労働施策総合推進法30条の2	均等法11条	均等法11条の3	育介法25条
関連指針 （最終改正時点）	事業主が職場における優越的な関係を背景とした言動に起因する問題に関して雇用管理上講ずべき措置等についての指針（令2.1.15厚労告5）	事業主が職場における性的な言動に起因する問題に関して雇用管理上講ずべき措置等についての指針（令2.1.15厚労告6）	事業主が職場における妊娠、出産等に関する言動に起因する問題に関して雇用管理上講ずべき措置等についての指針（令2.1.15　厚労告6）	子の養育又は家族の介護を行い、又は行うこととなる労働者の職業生活と家庭生活との両立が図られるようにするために事業主が講ずべき措置等に関する指針（令3.9.30厚労告366）
ハラスメントの定義	①優越的な関係を背景とした言動であって、②業務上必要かつ相当な範囲を超えたものにより、③労働者の就業環境が害されるものであり、①から③までの要素をすべて満たすもの ※客観的に見て、業務上必要かつ相当な範囲で行われる適正な業務指示や指導については該当しない	労働者の意に反する「性的な言動」に対する労働者の対応によりその労働者が労働条件について不利益を受けたり、「性的な言動」により就業環境が害されたりすること	上司・同僚からの言動（妊娠・出産したことや育児休業等の利用に関する言動）により、妊娠・出産した女性労働者や育児休業等を申し出・取得した男女労働者の就業環境が害されること ※業務分担や安全配慮等の観点から、客観的に見て業務上の必要性に基づく言動によるものについては該当しない	

［3］注意すべき新たなハラスメント

　また、厚生労働省が公表した報告書[2]では、「ハラスメントの現状と対

図表 8-2　ハラスメント防止対策における「職場」と「労働者」

職　　場	労　　働　　者
・事業主が雇用する労働者が業務を遂行する場所を指し、労働者が通常就業している場所以外の場所であっても、労働者が業務を遂行する場所は、「職場」に含まれる ・取引先の事務所、取引先と打ち合わせをするための飲食店、顧客の自宅等であっても、労働者が業務を遂行する場所であれば「職場」に該当する ・勤務時間外の「懇親の場」、社員寮や通勤中などであっても、実質上職務の延長と考えられるものは「職場」に該当するが、その判断に当たっては、職務との関連性、参加者、参加や対応が強制的か任意かといったことを考慮して個別に行う必要がある	・正規雇用労働者のみならず、パートタイム労働者、契約社員等いわゆる非正規雇用労働者を含む事業主が雇用する労働者のすべてをいう ・派遣労働者は、派遣元事業主のみならず、派遣先事業主も、自ら雇用する労働者と同様に、措置を講ずる必要がある

資料出所：厚生労働省「職場におけるハラスメント対策パンフレット」および「事業主が職場における性的な言動に起因する問題に関して雇用管理上講ずべき措置等についての指針」を基に一部改変

応の方向性」として、「カスタマーハラスメント（顧客、取引先等からの著しい迷惑行為等）」と「就活等セクシュアルハラスメント」について以下のとおり言及されている。

【カスタマーハラスメント（顧客、取引先等からの著しい迷惑行為等）】

　上司や同僚からのハラスメントと、顧客や取引先からのハラスメントでは、その性格や対応も異なるが、労働者の就業環境を害するものであり、企業の負う安全配慮義務等の観点からも、何らかの対策、配慮が必要という点では共通することから、労働者保護の観点から事業主の雇用管理上の措置義務とすることが適当である。

【就活等セクシュアルハラスメント】

　就活等セクシュアルハラスメントの行為者は企業内の労働者である

ことから、企業は行為者に対して就業規則等に基づき懲戒処分等の対応は可能であるが、被害者はインターンシップや就職活動中の学生等の、雇用する労働者ではない者であり、それらへの配慮の措置は、自ずと雇用する労働者に対するものとは異なるものとなると考えられる。例えば、事業主の方針等の明確化に際して求職者との面談のルールをあらかじめ定めておくことや、相談に応じられる体制を整備して周知することなどが考えられる。このほか、発生した場合における、被害者である求職者への配慮としては、事案の内容や状況に応じて、行為者の謝罪や、相談対応等が考えられる。

［4］ハラスメント防止対策の重要性

　労契法5条に基づく使用者の安全配慮義務は Part 1 の 6 で述べたとおりであり、ハラスメントの防止に向けた使用者の取り組みは、安全配慮義務の履行ということにもなる。労働生産性を維持・向上させていく上でもハラスメントの存在はマイナスにしかならないといえ、労働力不足の中で離職を防止する意味でも、企業の取り組みの必要性・重要性は明白である。

　ハラスメント事案が発生した場合、被害者の救済が何よりも優先されなければならないが、そのような社内で起きた問題によって大切な従業員が浅からぬ傷を負うことは、企業の損失としても計り知れない。また、周りの従業員に与える影響も見過ごすことはできない。一方で、加害側の視点からすれば、第一義的にはハラスメントの行為者個人がハラスメントの態様に応じた民事責任や刑事責任を問われ得るが、企業としても債務不履行（民法415条）や使用者責任（民法715条）による損害賠償責任を負う可能性がある。このように、職場におけるハラスメントは被害者、行為者、周囲、そして企業のいずれにも甚大な悪影響を及ぼすものであり［図表8-3］、「当事者間の問題」として済ますことはできない。ハラスメント防止対策は労務管理における最重要テーマの一つである。

図表 8-3　職場におけるハラスメントがもたらす悪影響

ハラスメント			
行為者への影響	**被害者への影響**	**周囲への影響**	**企業への影響**
懲戒処分：ハラスメント行為が発覚した場合、懲戒処分が科される可能性がある	**精神的健康の悪化**：ストレスや不安、うつ病、PTSDなどの精神的な問題が発生しやすくなる	**職場環境の悪化・モチベーションの低下**：ハラスメントがまん延すると、職場全体の雰囲気が悪化し、他の従業員のモチベーションも低下する	**生産性の低下**：従業員のモチベーション低下や離職率の増加により、全体の生産性が低下する。それに伴い企業の競争力が低下するリスクがある
職場での信頼喪失：同僚や上司からの信頼を失い、職場での立場が悪化する	**身体的健康の悪化**：ハラスメントの影響で、頭痛、胃痛、不眠などの身体的症状が現れ、出勤が難しくなることがある	**ストレスの増加**：ハラスメントを目撃したり、間接的に影響を受けたりすることで、周囲の従業員もストレスを感じる	**法的リスクと損害賠償**：ハラスメント問題が訴訟に発展した場合、企業は法的責任を負い、損害賠償を支払うリスクがある
キャリアへの影響：懲戒処分や解雇などで、キャリアに大きなダメージを受けることになる	**仕事のパフォーマンス低下**：モチベーションの低下や集中力の欠如により、生産性が低下する	**業務負担の増加**：ハラスメントが原因で従業員の退職が増え、募集しても人材が採用できないと、残ったメンバーで業務を遂行しなければならず、業務の負荷が高まる	**企業イメージの悪化**：ハラスメント問題が公になると、企業の信頼が大きく損なわれる。消費者や取引先からの信頼を失い、業績にも悪影響が及びかねない
損害賠償：ハラスメント問題が訴訟に発展した場合、行為者は損害賠償を支払うリスクがある	**職場環境の悪化**：職場に居づらくなり、最悪の場合、退職を余儀なくされることもある		**人材流出**：ハラスメントが原因で従業員の退職が増え、人材の定着率が低下する。優秀な人材が流出することで、企業の成長が阻害されることにもなる

実務上のポイント

　職場におけるハラスメントを防ぎ、健全な職場環境を維持するためにも、管理職としては以下の点に注意する必要がある。

- ・ハラスメントに対する正しい理解を深め、ハラスメント防止の模範となる行動を取る
- ・日常的に尊重と配慮を持ったコミュニケーションを心掛ける
- ・自社のハラスメント防止ポリシーを踏まえ、メンバーに周知徹底する
- ・ハラスメント相談窓口など、メンバーが安心してハラスメントを報告できる環境を整え、周知する
- ・ハラスメントの報告があった場合には、迅速に調査を行い、公正な対応を進め、人事部と連携して、調査結果に基づき必要に応じて適切な処分を行う

　なお、会社に法的責任が生じるハラスメントは一定範囲のものにとどまる。とはいえ、会社としての法的責任はそれとして、働く人が職場においてハラスメントを受けたと感じる可能性を想定し、法令の内容を正確に理解した上で、法律の範囲にとらわれ過ぎることなくハラスメント防止に向けた全社的な取り組みを継続して行うことが求められる。その際、ハラスメントをなくしていくという明確な目的意識を社内に浸透させる上で、トップのコミットメントは欠かせない。

47 パワハラ

> ▶職場におけるパワハラの要件の一つである「業務上必要かつ相当な範囲を超えたもの」の判断は難しいが、その判断基準は客観性が求められるとともに、各企業固有の経営環境を踏まえて定まってくる部分もある
> ▶厚生労働省が示しているパワハラの類型を参考にしながら、自社としての考え方を議論した上で整理し、共有することが有用

📖 基本解説

［1］パワハラの現状

改正労働施策総合推進法の施行により、2022年4月から職場におけるパワハラの防止措置が事業主に義務づけられた。都道府県労働局雇用環境・均等部（室）が2023年度に受け付けた、同法に規定するパワハラに関する相談件数は6万53件で、前年度比30.1％増となっている[3]。また、民事上の個別労働関係紛争（労働条件その他労働関係に関する個々の労働者と事業主との間の紛争〔労基法等の違反に関するものを除く〕）でも、2023年度の「いじめ・嫌がらせ」の相談件数は6万125件で、12年連続で最多となっている[4]。法的なパワハラに該当する・しないはあるにしても、これだけの相談が現実に発生している事実は押さえておきたい。

［2］パワハラの定義と内容

パワハラとは、①優越的な関係を背景とした言動であって、②業務上必要かつ相当な範囲を超えたものにより、③労働者の就業環境が害されるものであり、①から③までの要素をすべて満たすものをいう［図表8-4］。

「優越的な関係を背景とした言動」とは、業務を遂行するに当たって、当該言動を受ける労働者が行為者とされる者に対して抵抗や拒絶できない蓋然性（ある事柄が発生する確実性や真実である確実性の度合い）が高い

図表 8-4 パワハラの定義

	内　容	例
①「優越的な関係を背景とした言動」とは	業務を遂行するに当たって、当該言動を受ける労働者が行為者とされる者（以下、行為者）に対して抵抗や拒絶ができない蓋然性が高い関係を背景として行われるものを指す	・職務上の地位が上位の者による言動 ・同僚または部下による言動で、当該言動を行う者が業務上必要な知識や豊富な経験を有しており、当該者の協力を得なければ業務の円滑な遂行を行うことが困難であるもの ・同僚または部下からの集団による行為で、これに抵抗または拒絶することが困難であるもの
②「業務上必要かつ相当な範囲を超えた言動」とは	社会通念に照らし、当該言動が明らかに当該事業主の業務上必要性がない、またはその態様が相当でないものを指す	・業務上明らかに必要性のない言動 ・業務の目的を大きく逸脱した言動 ・業務を遂行するための手段として不適当な言動 ・当該行為の回数、行為者の数等、その態様や手段が社会通念に照らして許容される範囲を超える言動
	・判断に当たっては、さまざまな要素（当該言動の目的、当該言動を受けた労働者の問題行動の有無や内容・程度を含む当該言動が行われた経緯や状況、業種・業態、業務の内容・性質、当該言動の態様・頻度・継続性、労働者の属性や心身の状況、行為者との関係性等）を総合的に考慮することが適当である ・その際には、個別の事案における労働者の行動が問題となる場合は、その内容・程度とそれに対する指導の態様等の相対的な関係性が重要な要素となることについても留意が必要である ・労働者に問題行動があった場合であっても、人格を否定するような言動等業務上必要かつ相当な範囲を超えた言動がなされれば、当然、職場におけるパワハラに当たり得る	
③「就業環境が害される」とは	・当該言動により、労働者が身体的または精神的に苦痛を与えられ、就業環境が不快なものとなったために能力の発揮に重大な悪影響が生じる等の当該労働者が就業する上で看過できない程度の支障が生じることを指す ・判断に当たっては「平均的な労働者の感じ方」、すなわち、「同様の状況で当該言動を受けた場合に、社会一般の労働者が、就業する上で看過できない程度の支障が生じたと感じるような言動であるかどうか」を基準とすることが適当である ・言動の頻度や継続性は考慮されるが、強い身体的または精神的苦痛を与える態様の言動の場合には、1回でも就業環境を害する場合があり得る	

資料出所：厚生労働省「職場におけるハラスメント対策パンフレット」を一部改変

関係を背景として行われるものをいい、上司から部下だけでなく、先輩・後輩間や同僚間、部下から上司へも、場合によっては該当する。

「業務上必要かつ相当な範囲を超えた言動」とは、社会通念に照らし、明らかに業務上必要性がない、またはその態様が相当でないものを指すが、その判断が難しい。そこでパワハラ防止指針では、「パワハラに該当すると考えられる例・しないと考えられる例」（いわゆるパワハラ6類型）を示している［図表8-5］。

「労働者の就業環境が害され」たかどうかの判断は、パワハラ防止指針によれば、［図表8-4］にもあるとおり「『平均的な労働者の感じ方』、すなわち、『同様の状況で当該言動を受けた場合に、社会一般の労働者が、就業する上で看過できない程度の支障が生じたと感じるような言動であるかどうか』を基準とすることが適当である」とされており、セクハラに比

図表 8-5　パワハラ6類型

代表的な言動の類型	(イ) 該当すると考えられる例	(ロ) 該当しないと考えられる例
(1) 身体的な攻撃 （暴行・傷害）	①殴打、足蹴りを行う ②相手に物を投げつける	①誤ってぶつかる
(2) 精神的な攻撃 （脅迫・名誉毀損・侮辱・ひどい暴言）	①人格を否定するような言動を行う（※1）（相手の性的指向・性自認に関する侮辱的な言動を含む〔※2〕） ②業務の遂行に関する必要以上に長時間にわたる厳しい叱責を繰り返し行う ③他の労働者の面前における大声での威圧的な叱責を繰り返し行う ④相手の能力を否定し、罵倒するような内容の電子メール等を当該相手を含む複数の労働者宛てに送信する	①遅刻等の社会的ルールを欠いた言動が見られ、再三注意してもそれが改善されない労働者に対して一定程度強く注意をする ②その企業の業務の内容や性質等に照らして重大な問題行動を行った労働者に対して、一定程度強く注意をする

(3) 人間関係からの切り離し （隔離・仲間外し・無視）	①自身の意に沿わない労働者に対して、仕事を外し、長期間にわたり、別室に隔離したり、自宅研修させたりする ②1人の労働者に対して同僚が集団で無視をし、職場で孤立させる	①新規に採用した労働者を育成するために短期間集中的に別室で研修等の教育を実施する ②懲戒規定に基づき処分を受けた労働者に対し、通常の業務に復帰させるために、その前に、一時的に別室で必要な研修を受けさせる
(4) 過大な要求 （業務上明らかに不要なことや遂行不可能なことの強制・仕事の妨害）	①長期間にわたる、肉体的苦痛を伴う過酷な環境下での勤務に直接関係のない作業を命ずる ②新卒採用者に対し、必要な教育を行わないまま到底対応できないレベルの業績目標を課し、達成できなかったことに対し厳しく叱責する ③労働者に業務とは関係のない私的な雑用の処理を強制的に行わせる	①労働者を育成するために現状よりも少し高いレベルの業務を任せる ②業務の繁忙期に、業務上の必要性から、当該業務の担当者に通常時よりも一定程度多い業務の処理を任せる
(5) 過小な要求 （業務上の合理性なく能力や経験とかけ離れた程度の低い仕事を命じることや仕事を与えないこと）	①管理職である労働者を退職させるため、誰でも遂行可能な業務を行わせる ②気にいらない労働者に対して嫌がらせのために仕事を与えない	①労働者の能力に応じて、一定程度業務内容や業務量を軽減する
(6) 個の侵害 （私的なことに過度に立ち入ること）	①労働者を職場外でも継続的に監視したり、私物の写真撮影をしたりする ②労働者の性的指向・性自認や病歴、不妊治療等の機微な個人情報について、当該労働者の了解を得ずに他の労働者に暴露する（※3）	①労働者への配慮を目的として、労働者の家族の状況等についてヒアリングを行う ②労働者の了解を得て、当該労働者の機微な個人情報（左記）について、必要な範囲で人事労務部門の担当者に伝達し、配慮を促す

※1　外国人であること、特定の国・地域の出身や特定の国・地域にルーツがあること等についての侮蔑的な言動も含まれる。

※2　相手の性的指向・性自認の如何は問わない。また、一見、特定の相手に対する言動ではないように見えても、実際には特定の相手に対して行われていると客観的に認められる言動は含まれる。なお、性的指向・性自認以外の労働者の属性に関する侮辱的な言動も、職場におけるパワーハラスメントの三つの要素を満たす場合には、これに該当する。

※3　プライバシー保護の観点から、(6)(イ)②のように機微な個人情報を暴露することのないよう、労働者に周知・啓発する等の措置を講じることが必要である。

資料出所：厚生労働省「職場におけるハラスメント対策パンフレット」を一部改変

べて客観性が求められる程度は高いといえる。

　業務遂行上で部下に対して通常行われ得る業務指示や注意・指導等とパワハラとの境界線の見極めは難しいが、業務上必要かつ相当な範囲内での適正な業務指示や注意・指導等は、それに対して部下側が不満を感じることが仮にあったとしても、管理監督者の行為としてはパワハラに該当しない。

実務上のポイント

　パワハラの定義にある「業務上必要かつ相当な範囲を超えたもの」の判断基準としては、客観性とともに各企業固有の経営環境を踏まえて定まる部分もあるといえる。「業務上必要かつ相当な範囲」は厚生労働省によるパワハラ6類型を参考にしながら、自社としての考え方を議論した上で整理し、共有することが有用であろう。

　また、管理職が部下を指導する際には、次のような点に注意することが業務上の指導であることの明確化ともなり、それは結果としてパワハラとみなされないことにもつながる。

・相手の立場を尊重し、まずは共感を示す。結果が芳しくなかった場合でも、部下の努力を認める姿勢が、相互の信頼関係を築く上で重要となる

・指導の目的が業務の改善やスキルの向上であることを明確にし、個人攻撃や感情的な発言は避ける

・部下の問題点を指摘する際には、具体的な行動に焦点を当てる。何を、どう改善すればよくなるのかを具体的に伝える。抽象的な指摘や批判では改善効果は乏しく、部下のためにもならない

・すべての部下に対して一貫した基準で指導を行い、公平性を重視する。特定の人だけに厳しかったり、甘かったりすると、組織の秩序が保てなくなる

・部下への指導はできるだけ別室で行い、他の部下の前での叱責は避ける。逆に、人前で褒められることを嫌う場合もあるので注意が必要

48 パワハラの境界線

▶ 法的な意味でのパワハラには該当しなくても、部下と接する際の態度や声のトーンの在り方次第でパワハラとみなされるケースがある
▶ メールやチャットでは真意が十分に伝わっていないことがあり、そうしたコミュニケーション不全には危険が潜んでいる
▶ 上司として「伝え方」という点に改めて留意する必要がある

基本解説

[1] 管理職として注意すべき態度や言動

47 でも述べたとおり、業務上必要かつ相当な範囲内での適正な業務指示や注意・指導等に対して部下側が不満を感じることが仮にあったとしても、パワハラには該当しない。ただ、業務指示や注意・指導等の内容そのものが適正であったとしても、例えば、接する態度や声のトーンを相手によって変えたり、目を合わせずに話をしたり、業務指示に一貫性がなかったりなどといったことがあれば、それ自体が直ちにパワハラにはならないにしても、コミュニケーション不全に陥ることで部下はストレスを抱え、徐々に問題が大きくなっていくことも考えられる。

筆者がハラスメントの外部相談窓口として、これまで相談を受けてきた中でも、上司とのコミュニケーションの行き違いによって気持ちが追い込まれて思い悩んでいる従業員に接することが多かった。それらのケースでは、人格非難に当たるような言動があるわけではないため、法的な意味でのパワハラには該当しない。ただ、メールやチャットで上司が正当なことを理路整然と部下へ伝えている場合が多く、それ自体は間違ってはいないものの、コミュニケーションの在り方としてはいささか懸念がある（この点は改めて後述する）。

　パワハラ６類型（**47**の［図表8-5］参照）でいうところの「精神的な攻撃」（脅迫・名誉毀損・侮辱・ひどい暴言）であれば、それ自体に業務上の必要性が認められることは通常考え難く、パワハラに該当することは明白な場合が多いといえる。一方で、相当厳しい指摘・指導であっても人格非難のようなものではなく、行動に対するものであって、改善を期するアドバイスであれば、パワハラとは判断されない余地があると考えられる。この点について参考となる裁判例として、医療法人財団健和会事件（東京地裁　平21.10.15判決）がある。同事案は、病院の健康管理室に事務総合職として採用された原告が試用期間中に採用を取り消されたため、労働契約上の地位確認やパワハラについての病院側の安全配慮義務違反または不法行為を理由とする損害賠償を請求したものである。試用期間中の面接において上司の発言は辛辣だったものの、人格非難ではなく問題点の指摘やアドバイスと評価され、パワハラに関しては違法性が否定された。なお、本事案では、上司が問題点を指摘するとともに頑張ってほしいと励ましの言葉を掛けていた点も、違法性を否定する一事情とされている［図表8-6］。

実務上のポイント

　管理職としての言動がパワハラとならないための心掛けとして、無意識の思い込み、いわゆる「アンコンシャス・バイアス」には注意したい。例えば、「普通は」や「当然」といった言葉が口から出た場合には、そこに無意識の思い込みが潜んでいるかもしれない。自身が考える「普通」と部下が考える「普通」とでは違いがあって当然であり、自身の「普通」を無理に押しつけるようなことがあれば、両者の関係性に溝が生じかねない。

　また、メールやチャットは、文章が端的になればなるほど（ある意味、正論であればあるほど）上司の真意が十分に伝わらず、部下としては目に見える文字を必ずしも良くない意味で解釈してしまい、それが結果として

図表8-6　医療法人財団健和会事件における面接での上司の発言と裁判所の判断

■上司の発言

▶ ミスが非常に多い

▶ 仕事は簡単なものを渡してペースを抑えているのに、このままミスが減らないようで あれば、この業務を続けるのは難しい

▶ 遅いのは問題ではないからミスのないように何度もチェックするなど正確にしてもらいたい

▶ 分からなければ分かったふりをせずに何度でも確認をしてほしい

▶ 先に入った派遣事務は既に会計等の研修も始めているが○○さんにはまだ任せられない

▶ 仕事を覚えようとの意欲が感じられない

▶ 仕事に関して質問を受けたことがない、学習してほしい

▶ スタッフが電話応対や受診者対応をしているのに、何かやることはないかと話し掛けるなど周りの空気が読めていない

▶ 周りも働きやすいように配慮しているから○○さんもその努力をすべき

▶ 頼んだ仕事がどこまで終わったのか報告せず帰宅するというのは改善すべき

▶ 将来はパートや派遣に業務の指示出しをする立場になってほしい

▶ 今後の課題として、ミスを減らすこと、学ぶ姿勢と意欲を見せること、メモは自宅で復習し自らの課題を確認することを行って業務に励んでほしい

■裁判所の判断

▶ 原告の事務処理上のミスや事務の不手際は、いずれも、正確性を要請される医療機関として見過ごせないものであり、これに対する都度の注意・指導は必要かつ的確なものというほかない

▶ 原告を責任ある常勤スタッフとして育てるため、単純ミスを繰り返す原告に対して、時には厳しい指摘・指導や物言いをしたことがうかがわれるが、それは生命・健康を預かる職場の管理職が医療現場において当然になすべき業務上の指示の範囲内にとどまるものであり、到底違法ということはできない

コミュニケーション不全を生むことがある。場合によっては「パワハラを受けた」と部下が捉えてしまう危険性が潜んでいるといえよう。それが法的な意味でのパワハラとは異なるものであったとしても、そのような受け止め方をされかねないことも念頭に置きつつ、上司としての「伝え方」に改めて留意してもらいたい。

49 セクハラ

▶ 職場におけるセクハラの判断に当たっては、被害者の主観を重視しつつも、一定の客観性が必要であることから「平均的な労働者の感じ方」を基準とすることが適当とされている

▶ どのような言動が相手に不快感を与えるのかについて、社内での討議などを通じて共有し、ハラスメント防止の意識を高める方策も有用

📖 基本解説

［1］職場におけるセクハラの種類

　セクハラとは「職場において行われる、労働者の意に反する性的な言動に対する労働者の対応によりその労働者が労働条件について不利益を受けたり、性的な言動により就業環境が害されたりすること」であり、その種類としては「対価型」と「環境型」がある［図表8-7］。

［2］性的な言動の行為者

　性的な言動を行う者には、事業主、上司、同僚に限らず、取引先の事業主や労働者、顧客、患者またはその家族、学校における生徒等もなり得る[5]とされており、想定される行為者の範囲は広い。また、異性に対するものだけではなく、同性に対するものも性的な言動に該当する。さらには、性的な言動がなされているのであれば、セクハラということでは被害者の性的指向や性自認は関係がない。

［3］セクハラの判断基準

　「相手が不快に思えばセクハラ」と言われたりもするが、法的には「セクシュアルハラスメントが、男女の認識の違いにより生じている面があることを考慮すると、被害を受けた労働者が女性である場合には『平均的な女性労働者の感じ方』を基準とし、被害を受けた労働者が男性である場合

図表 8-7　職場におけるセクハラの種類

	対価型セクハラ	環境型セクハラ
内　容	労働者の意に反する性的な言動に対する労働者の対応（拒否や抵抗）により、その労働者が解雇、降格、減給、労働契約の更新拒否、昇進・昇格の対象からの除外、客観的に見て不利益な配置転換等の不利益を受けること	労働者の意に反する性的な言動により労働者の就業環境が不快なものとなったため、能力の発揮に重大な悪影響が生じる等その労働者が就業する上で看過できない程度の支障が生じること
典型的な例	・事務所内において事業主が労働者に対して性的な関係を要求したが、拒否されたため、その労働者を解雇すること ・出張中の車中において上司が労働者の腰、胸等に触ったが、抵抗されたため、その労働者について不利益な配置転換をすること ・営業所内において事業主が日頃から労働者に係る性的な事柄について公然と発言していたが、抗議されたため、その労働者を降格すること	・事務所内において上司が労働者の腰、胸等に度々触ったため、その労働者が苦痛に感じてその就業意欲が低下していること ・同僚が取引先において労働者に係る性的な内容の情報を意図的かつ継続的に流布したため、その労働者が苦痛に感じて仕事が手につかないこと ・労働者が抗議をしているにもかかわらず、同僚が業務に使用するパソコンでアダルトサイトを閲覧しているため、それを見た労働者が苦痛に感じて業務に専念できないこと

資料出所：厚生労働省「職場におけるハラスメント対策パンフレット」を一部改変

には『平均的な男性労働者の感じ方』を基準とすることが適当である」[6]とされている。とはいえ、ある事案が上記の基準に該当していないとしても、相手がセクハラだと感じたとすれば、それは職場の規律を保つ上であってはならない言動といえる。この点、どのような言動が相手に不快感を与えるかについて社内での討議などによってお互いの認識を共有し、ハラスメント防止の意識を高めるといった方策も有用だろう。

［4］支配従属関係下における抵抗の難しさ

　セクハラの事案では、状況によっては被害者が拒否の意思を示そうにも示すことができない場合があることに留意が必要である。この点について参考となる裁判例として、被害者と加害者が2人きりの職場で行われた、

いわゆる密室におけるわいせつ行為が問題となった「横浜セクハラ事件」がある。1審判決（横浜地裁　平7.3.24判決）では、原告の女性が事務所外へ逃げたり悲鳴を上げて助けを求めたりしなかったことや、わいせつ行為があった直後にも原告が普段と変わらず職場で昼食を取っていたことを疑問視してセクハラの成立を否定した。しかし、控訴審判決（東京高裁　平9.11.20判決）では、アメリカにおける強姦（ごうかん）被害者の対処行動の研究結果などに基づき原告の供述に信用性を認めた。原審の判決を取り消し、被告である男性上司の不法行為とそれに対する会社の使用者責任を認めた（以下の判旨参照）。

> 　アメリカにおける強姦被害者の対処行動に関する研究によれば、強姦の脅迫を受け、又は強姦される時点において、逃げたり、声を上げることによって強姦を防ごうとする直接的な行動（身体的抵抗）をとる者は被害者のうちの一部であり、身体的又は心理的麻痺（まひ）状態に陥る者、どうすれば安全に逃げられるか又は加害者をどうやって落ち着かせようかという選択可能な対応方法について考えを巡らす（認識的判断）にとどまる者、その状況から逃れるために加害者と会話を続けようとしたり、加害者の気持ちを変えるための説得をしよう（言語的戦略）とする者があると言われ、逃げたり声を上げたりすることが一般的な対応であるとは限らないと言われていること、したがって、強姦のような重大な性的自由の侵害の被害者であっても、すべての者が逃げ出そうとしたり悲鳴を上げるという態様の身体的抵抗をするとは限らないこと、強制わいせつ行為の被害者についても程度の差はあれ同様に考えることができること、特に、職場における性的自由の侵害行為の場合には、職場での上下関係（上司と部下の関係）による抑圧や、同僚との友好的関係を保つための抑圧が働き、これが、被害者が必ずしも身体的抵抗という手段を採らない要因として働くことが認められ

る。したがって、本件において、控訴人が事務所外へ逃げたり、悲鳴を上げて助けを求めなかったからといって、直ちに本件控訴人供述の内容が不自然であると断定することはできない。

実務上のポイント

あからさまな態様での性的な言動は論外として、悪意なく、また無意識あるいは無自覚になされた言動であっても、相手がセクハラと感じることに合理性・妥当性があれば、当該言動が火種となって大きな問題へと発展し得る。一方で、何らの基準もなく、あらゆる言動がハラスメントになるかもしれないというおそれを終始抱えていなければならないような職場というのも、決して健全とはいえない。管理職の立場としても、先に触れたような認識の共有などの取り組みを通じ、ハラスメントを正しく理解して、健全で安全な職場づくりを目指していくことが求められる。

50 マタハラ等

▶マタハラ等は、内容によって女性労働者だけでなく、男性労働者に対するものもある
▶妊娠・出産等に係る制度の利用は、労働者が当然の権利として行使しているという認識が必要
▶部下が妊娠・出産、育児・介護に直面して不安を抱えた状態であることを念頭に置き、本人の意向を踏まえた対応が必要である

基本解説

[1] マタハラ等の種類

職場におけるマタハラ等とは、上司・同僚からの言動（妊娠・出産したことや育児休業等の利用に関する言動）により、妊娠・出産した女性労働者や育児休業等を申し出・取得した労働者の就業環境が害されることである。

厚生労働省が出した指針[7]では、マタハラ等には、妊娠・出産・育児に関連する社内制度の利用を阻害する「制度等の利用への嫌がらせ型」と、妊娠・出産・育児などで就労状況が変化したことに対して嫌がらせをする「状態への嫌がらせ型」があるとしている［図表8-8、8-9］。

[2] マタハラ等に該当しないケース

業務分担や安全配慮等の観点から、客観的に見て業務上の必要性に基づく言動によるものはマタハラ等に該当しない[8]。例えば、業務スケジュールの関係上、ある程度の調整をする余地がありそうな休業等（例えば、定期的な妊婦健診の日時）について、その時期を調整することが可能かどうか、労働者の意向を確認するといったケースが当てはまる［図表8-10］。

図表 8-8　妊娠・出産等に関するハラスメントの防止措置の対象となる言動

	事　由	行為者	行為類型
〈制度等の利用への嫌がらせ型〉 ▶ 母性健康管理措置 ▶ 坑内就業・危険有害業務 ▶ 産前休業 ▶ 軽易業務転換 ▶ 時間外・休日・深夜業の制限 ▶ 育児時間関係	①利用の請求等をしたい旨を相談した	上　司	・解雇その他不利益な取り扱いを示唆 ・請求等をしないように言う（※1）
	②利用の請求等をした		・解雇その他不利益な取り扱いを示唆 ・請求等を取り下げるように言う（※1）
	③利用した		・解雇その他不利益な取り扱いを示唆 ・繰り返しまたは継続的に嫌がらせ等をする（※2）
	①利用の請求等をしたい旨を伝えた	同　僚	・繰り返しまたは継続的に請求等をしないように言う（※1）
	②利用の請求等をした		・繰り返しまたは継続的に請求等を取り下げるように言う（※1）
	③利用した		・繰り返しまたは継続的に嫌がらせ等をする（※2）
〈状態への嫌がらせ型〉 ▶ 妊娠、出産 ▶ 坑内就業・危険有害業務 ▶ 産後休業 ▶ 妊娠、出産に起因する症状関係	妊娠した、出産した、つわり等による労働能率の低下等、就業制限により就業できない	上　司	・解雇その他不利益な取り扱いを示唆 ・繰り返しまたは継続的に嫌がらせ等をする（※2）
		同　僚	・繰り返しまたは継続的に嫌がらせ等をする（※2）

※1　客観的に見て、女性労働者の制度等の利用が阻害されるものが該当
※2　客観的に見て、女性労働者の能力の発揮や継続就業に重大な悪影響が生じる等、女性労働者が就業する上で看過できない支障が生じるようなものが該当

資料出所：厚生労働省「妊娠・出産等に関するハラスメントの防止措置の対象となる言動について」

［3］ 妊娠に関するハラスメントの裁判例

　妊娠に関するハラスメント（制度等の利用への嫌がらせ型）として損害賠償請求が認められた事例として、ツクイほか事件（福岡地裁小倉支部平28.4.19判決）がある。

　労働者である原告が被告（営業所長Ａ）に妊娠したことを告げ、業務軽減を求めたところ、「妊婦として扱うつもりはないですよ」「万が一何かあっ

図表 8-9 ▶ 育児休業等に関するハラスメントの防止措置の対象となる言動

	事　　由	行為者	行為類型
〈制度等の利用への嫌がらせ型〉 ▶ 育児休業 ▶ 介護休業 ▶ 子の看護休暇 ▶ 介護休暇 ▶ 所定外労働の制限 ▶ 時間外労働の制限 ▶ 深夜業の制限 ▶ 所定労働時間の短縮等	①利用の請求等をしたい旨を相談した	上　司	・解雇その他不利益な取り扱いを示唆 ・請求等をしないように言う（※1）
	②利用の請求等をした		・解雇その他不利益な取り扱いを示唆 ・請求等を取り下げるように言う（※1）
	③利用した		・解雇その他不利益な取り扱いを示唆 ・繰り返しまたは継続的に嫌がらせ等をする（※2）
	①利用の請求等をしたい旨を伝えた	同　僚	・繰り返しまたは継続的に請求等をしないように言う（※1）
	②利用の請求等をした		・繰り返しまたは継続的に請求等を取り下げるように言う（※1）
	③利用した		・繰り返しまたは継続的に嫌がらせ等をする（※2）

※1　客観的に見て、労働者の制度等の利用が阻害されるものが該当
※2　客観的に見て、労働者の能力の発揮や継続就業に重大な悪影響が生じる等、労働者が就業する上で看過できない支障が生じるようなものが該当

資料出所：厚生労働省「育児休業等に関するハラスメントの防止措置の対象となる言動について」

ても自分は働くという覚悟があるのか、働く以上、そのリスクが伴う」などの発言があり、制度の利用を阻害する発言や嫌がらせを受けたとして、原告が営業所長Ａと会社に対して損害賠償を請求した。裁判所は、全体として社会通念上許容される範囲を超えているものであって、使用者側の立場にある者として妊産婦労働者（原告）の人格権を害するものであるとし、営業所長Ａと会社に対して慰謝料35万円を連帯して支払うよう命じた。

実務上のポイント

　法的に認められた制度の利用は労働者にとって当然の権利であり、制度の利用などについて部下から相談があった場合には、妊娠・出産あるいは

図表 8-10 「業務上必要な言動」の例

「業務上必要な言動」は、ハラスメントに該当しない。
ただし、労働者の意をくまない一方的な通告はハラスメントとなる可能性がある

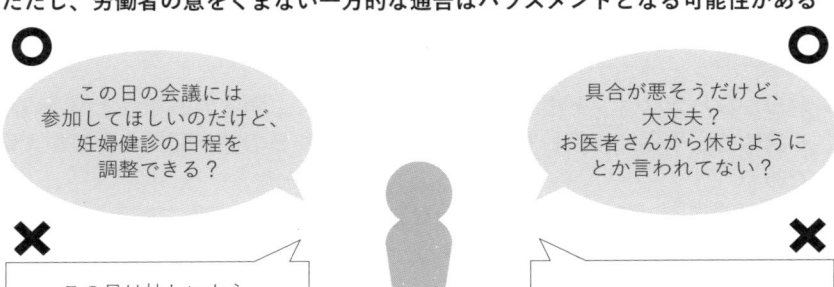

「業務上必要な言動」の例

・制度等の利用を希望する労働者に対して、業務上の必要性により変更の依頼や相談をすることは、強要しない場合に限りハラスメントに該当しない

・妊婦本人はこれまでどおり勤務を続けたいという意欲がある場合であっても、客観的に見て妊婦の体調が悪い場合に、業務量の削減や業務内容の変更等を打診することは、業務上の必要性に基づく言動となり、ハラスメントには該当しない

資料出所：厚生労働省「職場のセクシュアルハラスメント 妊娠・出産等ハラスメント防止のためのハンドブック」を一部改変

育児・介護に直面していることで本人が不安を抱えた状態であることを念頭に置いた対応が必要である。業務上の必要性がある場合で、制度利用に調整の余地があるケースも含めて、本人の意向をしっかりと確認することが対応の基本になる。本人の意向を踏まえ、他のメンバーとの間で業務調整を円滑に進めるためにも、早期に相談・申し出をしやすい職場環境となっていることが重要である。業務の棚卸しや進め方の見直しを普段から行うことで、さまざまな状況に対応できる職場の整備が求められる。

51 部下からの ハラスメント相談の対応

▶ 明らかなハラスメント事案に限定することなく、発生のおそれという段階
も含めて、早期に相談してもらえるよう日頃からの信頼関係の構築が大切
である

▶ 問題解決に向けては相談者の意向を踏まえることが必須であるとともに、
情報共有の範囲についての同意など、プライバシーの保護はハラスメント
の相談対応において最も重要である

📖 基本解説

[1] 相談窓口の設置義務

　職場におけるハラスメントに対して、事業主はハラスメント防止措置の
一つとして相談窓口を設置しなければならず、各法令に基づく指針では次
のとおり規定されている。

> 　相談への対応のための窓口（以下、相談窓口）をあらかじめ定め、
> 労働者に周知すること。
> （相談窓口をあらかじめ定めていると認められる例）
> ①相談に対応する担当者をあらかじめ定めること
> ②相談に対応するための制度を設けること
> ③外部の機関に相談への対応を委託すること

　同指針では、あるハラスメントがその他のハラスメントと複合的に生じ
ることも想定されることから、各種のハラスメントについて一元的に相談
に応じることのできる体制を整備することが望ましいとされている。ま
た、相談窓口を設置するのみならず、労働者に周知することも求められて
いる点に留意が必要である。

［2］相談があった際の対応ポイント

　労働者側からすれば困ったときの相談のしやすさが重要であり、相談窓口を内部と外部の両方に設ける対応をしている例も見られるが、そうした相談窓口を利用せずに管理職へ相談することも当然ながら想定される。そのため部下との日頃からの信頼関係の構築が重要となる。実際に相談があった際の対応ポイントは、相談窓口としての対応であっても管理職としての対応であっても、基本的には同様である［**図表8-11**］。

図表8-11　ハラスメントに関する相談時の対応ポイント

（1）ハラスメントに対する理解と知識
・ハラスメントに関する基本的な知識と会社の対応方針は、確実に理解しておく必要がある

（2）予断の排除
・問題解決との兼ね合いでは事実確認が基本であり、予断を持って話を聴くのは禁物
・ハラスメント認定は会社所定のプロセスにのっとって行われるものであり、相談段階でハラスメント該当有無にまで言及することは、個人的な意見だとしてもNG

（3）傾聴の姿勢
・相談者の気持ちに寄り添って話を聴くことは大切であるが、過度な感情移入などは客観性を損なうため避けなければならない

（4）相談者の意向
・解決方法に対する相談者の意向が最優先である
　［例］「言動を止めてほしい」「謝罪してほしい」「職場での接点をなくしてほしい」
　　　　「何らかの処分をしてほしい」「現時点ではひとまず話を聴いてくれればよい」
・行為者へのヒアリング実施など、調査の踏み込み度合いも必ず相談者の意向を踏まえる

（5）プライバシーの保護、不利益取り扱いの禁止
・プライバシーの保護は最も重要であり、細心の注意を要する
・相談内容についての情報共有の範囲は、必ず相談者の同意を得る
・相談したことを理由とする不利益な取り扱いは禁止されている

※厚生労働省「あかるい職場応援団」（https://www.no-harassment.mhlw.go.jp）では、ハラスメント相談時の「相談受付票」をダウンロードできる。

　ハラスメントの問題は、被害者が大きな傷を負うことでメンタルヘルス不調や離職へとつながるおそれがあることから、問題が発生した場合には被害者あるいは周りの者が早期に相談しようと思える環境が整っていることが肝要である。パワハラについては、法的な意味でのパワハラかどうかにかかわらず、放置すれば就業環境を害するおそれのあるケースや、メンバー同士のコミュニケーションの希薄化などが問題を招いているケースなども含め、対象範囲を幅広く捉えることが必要である。

コラム　窓口担当者が言ってはいけない言葉の例

相談者にも問題があるような発言

- ・あなたの行動にも問題があったのではないか
- ・あなたにも隙があったのではないか
- ・過剰反応ではないか　　・考え過ぎではないか

不用意な慰め

- ・あなたが魅力的なので、ついそのようなことをしてしまったのではないか
- ・あなたが優秀なので、将来を考えてそう言ってしまったのではないか

行為者を一般化するような発言

- ・男性（女性）はみんなそのようなものだ

きちんと対応する意思を示さない発言

- ・また今度何かあったら連絡してください
- ・時間が解決してくれます
- ・そのくらいのことは我慢したほうがよい
- ・彼（彼女）も悪い人ではないから大げさにしないほうがよい

相談者の意向を退け、担当者の個人的見解を押しつけるような発言

- ・上司に謝罪させたりしたら、職場に居づらくなるのではないか

52

**ハラスメント事案の調査から
事後対応まで**

▶ハラスメント事案への対応に当たっては、相談者の意向を踏まえて調査を
　進めていく必要がある
▶事案がハラスメント認定された場合に限らず、ハラスメントの再発防止措
　置は必要であり、一過性のものではなく継続的に取り組んでいくことが重
　要である

📖 基本解説

［1］相談者の意向を尊重する

　ハラスメントの相談があって問題解決に向けて進めていく際には、解決
方法に対する相談者の意向が最優先となる（**51**の［図表8-11］参照）。ハ
ラスメントの認定に当たって行為者へのヒアリングは欠かせないが、ヒア
リングを実施することについて（相談者が誰であるかを明らかにすること
も含めて）相談者の同意が必要となる。相談者が所属する部署の同僚など
第三者へのヒアリングを検討するケースもあるが、その場合の同意につい
ても同様である。ヒアリングの実施を相談者が望まなかった場合には、事
実確認やハラスメントの認定をする上での材料を欠くことにもなり、問題
解決にはおのずと限界が生じる可能性があることを説明する。後日、相談
者の意向が変わる場合もあるので、最初の相談の段階で問題解決に向けた
方向性のすべてを確定することにこだわり過ぎず、必要に応じてそれ以降
も相談者の意向を適宜確認することが適切であろう。また、調査へと進ん
だ場合、進捗状況を相談者へ適宜報告することも望ましい対応といえる。

［2］行為者へのヒアリングのポイント

　ヒアリングも含め事実確認の調査を進めることが決まったのであれば、
被害者救済の観点から迅速な動きを要する。調査の中でも行為者へのヒア

リングは特に重要であり、ヒアリングに当たってのポイントは［図表8-12］のとおりである。

　相談から再発防止措置までの対応の流れは、［図表8-13］のとおり。［図表8-13］における留意点の一つは、ハラスメントの事実があると判断しなかった場合（誤解であると判断した場合）も、再発防止措置を講じる流れとなっていることである。結果的にハラスメントの認定に至らなかった事案でも、相談者が何らかの不安や不満を抱えていたという事実がある。そうしたものが積み重なって大きな問題へと発展することを防ぐ上で

図表8-12　行為者へのヒアリングのポイント

（1）相談者の同意
・相談者の同意を得た上で行為者へのヒアリングを実施する

（2）対応の体制
・ヒアリングは複数名で対応し、聴取した内容を確実に記録するようにする
・プライバシーは保護されることを伝える
・虚偽の申告や隠ぺいは許されないことを伝える
・（特に行為者が役員の場合）通常の行為者ヒアリングではなく顧問弁護士との面談を望むということであれば、それは尊重する

（3）決めつけの排除
・行為者がハラスメントを行ったと決めつけた態度でヒアリングに臨むのは禁物
・ハラスメント認定は会社所定のプロセスにのっとって行われるものであり、行為者から問われたとしてもヒアリング段階でハラスメント該当有無にまで言及することはNG

（4）ヒアリング時の姿勢
・問い詰めるような進め方にならないよう注意しつつ、毅然とした態度で事実確認を行う
・行為者の言い分がある場合には、きちんと確認する

（5）禁止事項についての説明
・相談者や調査協力者への報復行為の禁止、相談者や相談内容の秘密保持厳守、中傷・噂の流布禁止、相談者が匿名の場合には相談者を捜すことの禁止（およびそれらを守れなかった場合のペナルティ）について説明する

※厚生労働省「あかるい職場応援団」では、行為者へのヒアリング時の「行為者聞き取り票」をダウンロードできる。

図表 8-13 ハラスメント相談対応の流れの例

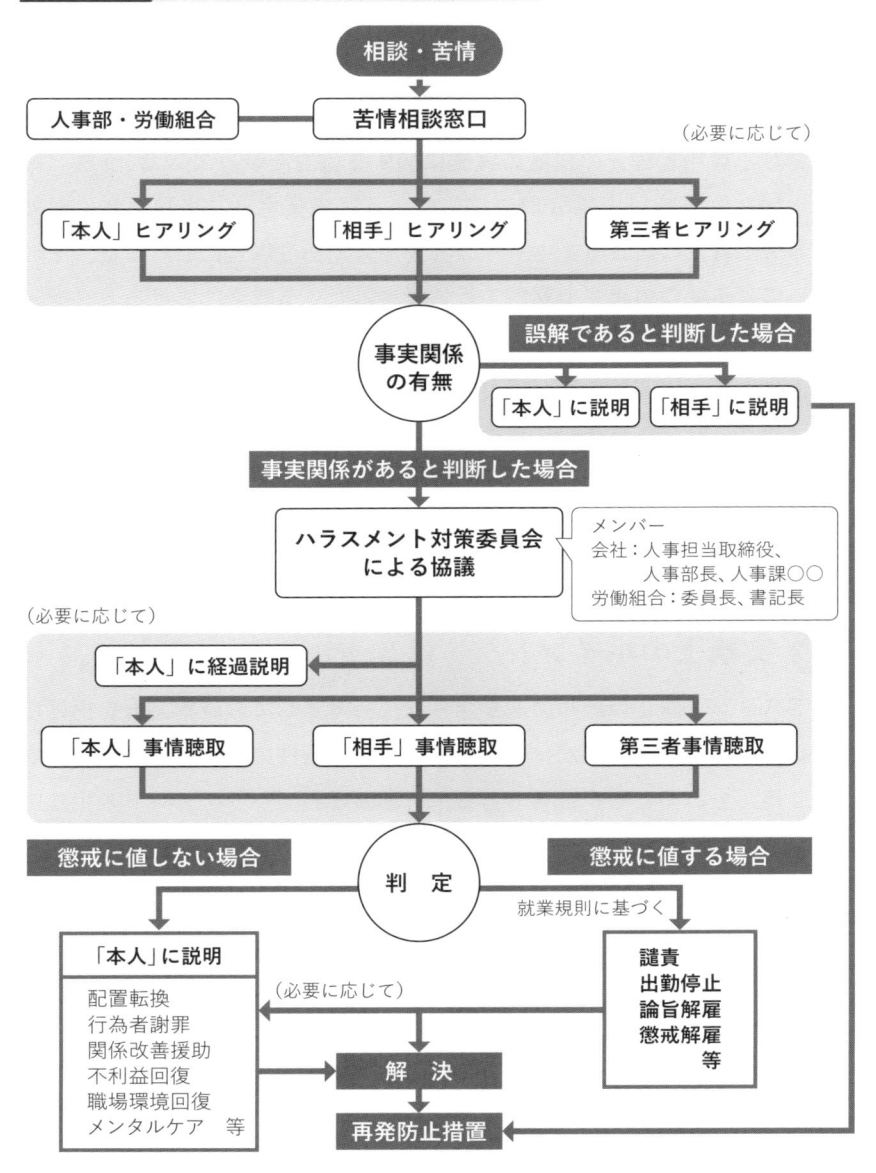

資料出所：厚生労働省「職場におけるハラスメント対策パンフレット」を一部改変

も、ハラスメント防止のための会社の基本方針を改めて周知徹底することや、過去の研修資料の再案内などといった対応を取ることが考えられるだろう。

　なお、セクハラに特有のものとして、セクハラ防止指針では、他の事業主の講じる雇用管理上の措置の実施に関する協力を挙げている。「法〈筆者注：均等法〉第11条第3項の規定により、事業主は、当該事業主が雇用する労働者又は当該事業主（その者が法人である場合にあっては、その役員）による他の事業主の雇用する労働者に対する職場におけるセクシュアルハラスメントに関し、他の事業主から、事実関係の確認等の雇用管理上の措置の実施に関し必要な協力を求められた場合には、これに応ずるように努めなければならない。また、同項の規定の趣旨に鑑みれば、事業主が、他の事業主から雇用管理上の措置への協力を求められたことを理由として、当該事業主に対し、当該事業主との契約を解除する等の不利益な取扱いを行うことは望ましくないものである」とされている。

実務上のポイント

　ハラスメント防止のための取り組みは、会社としての基本方針を掲げた上で研修を行うことなどがベースとなるが、一過性のものとせず、継続的に取り組んでいくことが重要である。管理職としてハラスメントの相談対応を行う立場になったとしても、いざというときに慌てることのないよう、相談対応のロールプレイを行うなど日頃からブラッシュアップしておくことが肝要である。

Part 8　参考資料

1　厚生労働省「事業主が職場における優越的な関係を背景とした言動に起因する問題に関して雇用管理上講ずべき措置等についての指針」（令2.1.15　厚労告5）

2　厚生労働省「雇用の分野における女性活躍推進に関する検討会 報告書」（令6.8.8）

3　厚生労働省「令和5年度の都道府県労働局雇用環境・均等部（室）における雇用均等関係法令の施行状況について」

4　厚生労働省「令和5年度個別労働紛争解決制度の施行状況」

5　厚生労働省「事業主が職場における性的な言動に起因する問題に関して雇用管理上講ずべき措置等についての指針」（平18.10.11　厚労告615、最終改正：令2.1.15　厚労告6）

6　「改正雇用の分野における男女の均等な機会及び待遇の確保等に関する法律の施行について」（平18.10.11　雇児発1011002、最終改正：令2.2.10　雇均発0210第2）

7　厚生労働省「事業主が職場における妊娠、出産等に関する言動に起因する問題に関して雇用管理上講ずべき措置等についての指針」（平28.8.2　厚労告312、最終改正：令2.1.15　厚労告6）および「子の養育又は家族の介護を行い、又は行うこととなる労働者の職業生活と家庭生活との両立が図られるようにするために事業主が講ずべき措置等に関する指針」（平21.12.28　厚労告509、最終改正：令3.9.30　厚労告366）

8　同上指針

Part 9

健康、安全、メンタルヘルス

53

企業が行うべき労働者の健康管理・安全管理

▶企業が行うべき健康管理・安全管理は、労働者の健康・生命に関わる重大事項であり、労務管理における最重要テーマの一つである
▶経済産業省が推進する健康経営の観点も注目に値する
▶企業における健康管理施策の基本となる健康診断は、100％の受診率での確実な実施が必要

📖 基本解説

［1］ 健康管理・安全管理は労務管理の重要テーマ

　企業が行うべき労働者の健康管理・安全管理について根拠となる法令等は［図表9-1］のとおりである。法律上の義務だから対応するというのも確かにあるが、そもそも労働者の健康・生命に関わる重大事項だということを肝に銘じていただきたい。企業の永続的な発展を目指す場合に、労働者の健康確保は絶対条件といえるだろう。

　厚生労働省の「新しい時代の働き方に関する研究会　報告書」（2023年10月20日公表）においても、「新しい時代に即した労働基準法制の方向性」の一つとして、「働く人の健康確保」が掲げられており、「企業が労働

図表 9-1　企業が行うべき健康管理・安全管理の根拠法令等

労働時間規制	労基法32条、36条等
労働時間の適正な把握	労働時間の適正な把握のために使用者が講ずべき措置に関するガイドライン
労働時間の状況の把握と記録	安衛法66条の 8 の 3
作業の管理	安衛法65条の 3
安全配慮義務	労契法 5 条

者を使用して事業活動を行っている以上、労働者の健康を確保することは企業の責務である。」との言及がある。

［2］注目される健康経営

　近時は、経済産業省が推進する「健康経営」（※）も注目されているが、健康経営と労働市場の関係性ということでは求職者の視点としても健康経営が重視されており［図表9-2］、人材獲得競争が激化する昨今において示唆に富んでいるといえる。

（※）「『健康経営』とは、従業員等の健康管理を経営的な視点で考え、戦略的に実践することです。企業理念に基づき、従業員等への健康投資を行うことは、従業員の活力向上や生産性の向上等の組織の活性化をもたらし、結果的に業績向上や株価向上につながると期待されます。」（経済産業省のホームページより）

図表 9-2 ▶ 健康経営と労働市場の関係性

Q.企業が「健康経営」に関して取り組んでいるか、「健康経営優良法人」の認定を取得しているかが、就職先を決める際の決め手になるか

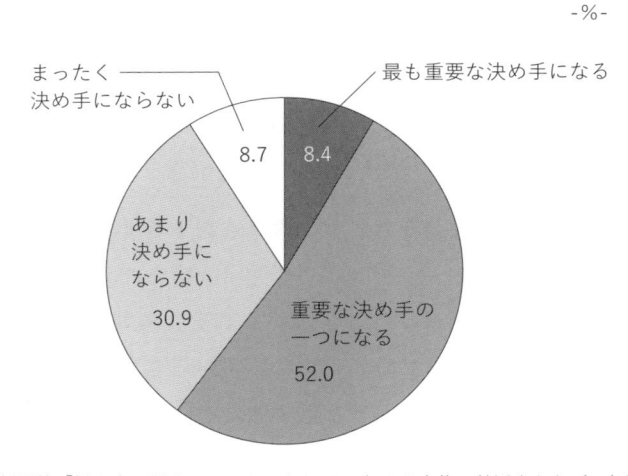

- % -

まったく決め手にならない　8.7
最も重要な決め手になる　8.4
あまり決め手にならない　30.9
重要な決め手の一つになる　52.0

［注］　日本経済新聞社「働き方に関するアンケート」2023年9月実施。就活生ならびに転職者900名の回答。

資料出所：経済産業省 商務・サービスグループ ヘルスケア産業課「健康経営の推進について」（2024年3月）を一部改変

実務上のポイント

　企業が行うべき安衛法上の「健康の保持増進のための措置」（7章）の一つとして健康診断があり、雇入れ時の健康診断と定期健康診断が主たるものとなる［**図表9-3**］。健康診断は企業における健康管理施策の中でも基本中の基本といえるものであり、100％の受診率での確実な実施が必要であるが、誤った認識も時に見られる。留意点は以下のとおりである。

- ・雇入れ時の健康診断の実施が省略できるのは、健康診断受診後3カ月以内の者から健康診断結果を証明する書類の提出を受けたときに限られる
- ・定期健康診断では、一定の健康診断項目について、それぞれの基準に基づき、医師が必要でないと認めるときに限って省略できる。「医師が必要でないと認める」とは、自覚症状および他覚症状、既往歴等を勘案し、医師が総合的に判断することをいう
- ・健康診断において異常な所見があった労働者がいた場合には医師の意見を聴き（健康診断実施後3カ月以内）、必要に応じて事後措置（就業場所の変更、作業の転換、労働時間の短縮、深夜業の回数の減少等）を講じなければならない

　定期健康診断は、労働者の健康状態を確認する重要な機会である。安全配慮義務の観点からも、上司は部下が健康問題を抱えている兆候を早期に察知し、適切な対応を行うことが求められる。頻繁な欠勤やミスの増加、パフォーマンスの低下などのサインに日頃から注意を払っておくことが重要となる。また、定期的に部下と話す機会を設け、健康状態やストレスレベルを把握するようにしたい。オープンなコミュニケーションを通じて信頼関係を構築しておけば、個人情報の取り扱いに配慮しながらも適切に情報を交換することによって、部下の健康や家庭の問題などを事前に把握しやすくなる。

図表 9-3 健康診断の種類

健康診断の種類	対象となる労働者	実施時期
①雇入れ時の健康診断 （安衛則43条）	常時使用する労働者	雇入れ時
②定期健康診断 （安衛則44条）	常時使用する労働者（③特定業務従事者を除く）	1年以内ごとに1回
③特定業務従事者の健康診断 （安衛則45条）	深夜業を含む業務、多量の高熱物体・低温物体を取り扱う業務等に常時従事する労働者	当該業務への配置替え時、および6カ月以内ごとに1回
④海外派遣労働者の健康診断 （安衛則45条の2）	海外に6カ月以上派遣する労働者	海外に6カ月以上派遣する時、帰国後国内業務に就かせる時
⑤給食従業員の検便 （安衛則47条）	事業に附属する食堂または炊事場における給食の業務に従事する労働者	雇入れ時、当該業務への配置替え時
⑥歯科医師による健康診断 （安衛則48条）	塩酸、硝酸、硫酸、亜硫酸、フッ化水素、黄りんその他歯またはその支持組織に有害な物のガス、蒸気または粉じんを発散する場所における業務に常時従事する労働者	雇入れ時、当該業務への配置替え時、および当該業務に就いた後6カ月以内ごとに1回

54 メンタルヘルス不調を取り巻く現況

▶ 厚生労働省の資料によれば、メンタルヘルス不調者は増加傾向にある
▶ 精神障害の労災認定に関しては件数の伸びはもとより、上司等によるパワハラが出来事別の支給決定件数で最多となっていることも注目すべき
▶ ストレスチェック制度は、集団分析も行うことで職場環境の改善につなげていくことが求められる

📖 基本解説

［1］増加傾向にあるメンタルヘルス不調者

　厚生労働省の調査[1]によれば、過去1年間にメンタルヘルス不調により連続1カ月以上休業した労働者がいた事業所の割合は10.4％、退職した労働者がいた事業所の割合は6.4％となっている。調査結果の推移を見ると、増加傾向にあることが分かる［図表9-4］。

［2］精神障害による労災件数の増加

　厚生労働省から公表された資料[2]によれば、精神障害による労災の請求件数および支給決定件数は近年でも顕著に増加している［図表9-5］。これに関しては、出来事別の支給決定件数で「上司等から、身体的攻撃、精神的攻撃等のパワーハラスメントを受けた」が2023年度で157件と、2022年度（147件）に引き続いて最多となっていることも注目すべき点である。

［3］ストレスチェック制度の意義

　メンタルヘルス対策との兼ね合いでは、安衛法の改正によって2015年12月から常用労働者数50人以上の事業場においてストレスチェックの実施が義務化されたが、状況の改善には至っていないばかりか、メンタルヘルス不調者が増加しているのが実態である。ストレスチェック制度（**55**

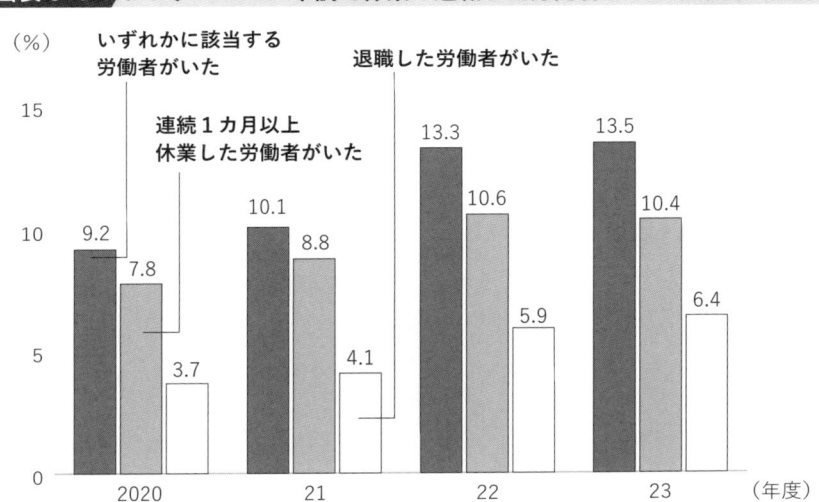

図表 9-4 メンタルヘルス不調で休業・退職した労働者がいる事業所の割合

資料出所：厚生労働省「労働安全衛生調査（実態調査）」

の「４つのメンタルヘルスケア」のうちの「セルフケア」に当たる）は、定期的に労働者のストレスの状況について検査を行って、①本人にその結果を通知して自らのストレスの状況について気づきを促し、個人のメンタルヘルス不調のリスクを低減させるとともに、②検査結果を集団的に分析し、職場環境の改善につなげることによって、労働者がメンタルヘルス不調になることを未然に防止すること（一次予防）を主な目的としている［図表9-6］。よって、法令上は努力義務であるものの（安衛則52条の14）、ストレスチェックの実施のみならず、集団分析を行うことで必要な対策を検討し、講じる体制を整えることが求められる。

実務上のポイント

　少なからぬ企業で、メンタルヘルス不調者が発生するリスクを抱えている。精神障害の労災認定に関しては、出来事別の支給決定件数でパワハラのみならず、セクハラも上位となっており、企業として職場環境の改善に

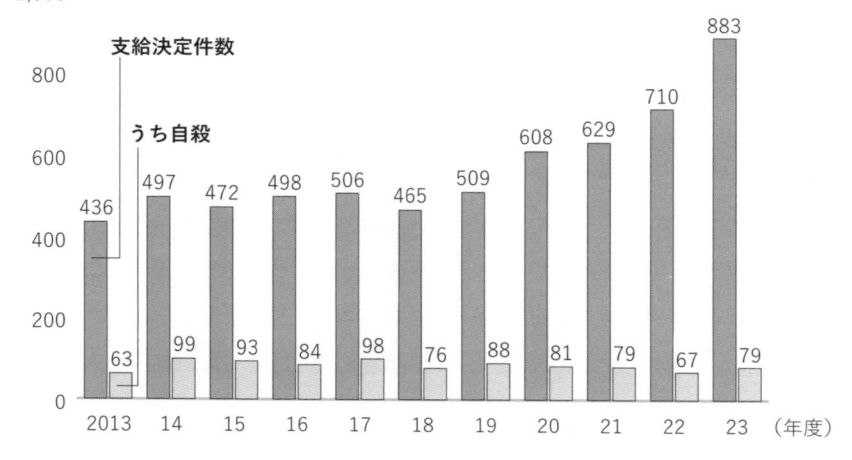

（件数）

1,000

支給決定件数

うち自殺

[注] 自殺には未遂を含む。

精神障害の出来事別支給決定件数（2023年度、上位10項目）

順位	出　来　事	支給決定件数※
1	パワーハラスメント	157（10）
2	悲惨な事故や災害の体験・目撃	111（0）
3	セクシュアルハラスメント	103（0）
4	仕事内容・仕事量の大きな変化	100（18）
5	特別な出来事	71（5）
6	同僚等からの暴行またはひどいいじめ・嫌がらせ	59（1）
7	顧客や取引先、施設利用者等からの著しい迷惑行為	52（1）
8	重度の病気やケガ	47（2）
9	1カ月に80時間以上の時間外労働	35（8）
10	2週間以上にわたる連続勤務	33（7）

※ （　）内は自殺（未遂を含む）の件数で、内数。

資料出所：厚生労働省「過労死等の労災補償状況」を一部改変

図表 9-6　メンタルヘルス対策におけるストレスチェック制度の位置づけ

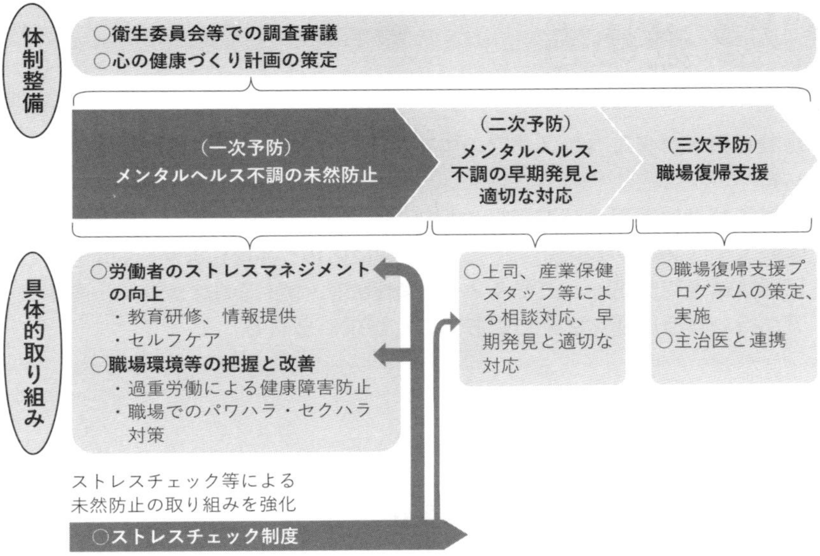

資料出所：「いきいき職場づくりのための参加型職場環境改善の手引き（改訂版）」を一部改変

取り組んでいく余地は小さくない。

　現場の管理職としては、部下がメンタルヘルス不調にならないように、以下のようなマネジメントが求められる。

・部下の「いつもと違う」様子（例えば、遅刻や欠勤が増えたり、仕事でのミスが増えたりするなど）に気づくことが重要である（詳細は55の［図表9-8］参照）。部下への目配りを日常的に行い、変化に気づいたら早めに声を掛けるようにする。

・部下が安心して相談できるようにするためには、部下からの相談に対する積極的な傾聴がポイントになる。話をさえぎらずに、相手の気持ちを理解しようとする姿勢を示すことが重要である。

・業務量の調整やコミュニケーションの活性化など職場環境を整えることで、メンタルヘルス不調の予防につながる。職場のストレス要因を見極め、改善することも求められる。

職場のメンタルヘルスケアの進め方

▶ 職場でのメンタルヘルスケアの中でも、とりわけ重要なのがラインケアである

▶ 管理監督者は部下の状況把握や相談対応を行う必要があり、事業場内産業保健スタッフ等や事業場外資源とも必要に応じて連携しながら対応していく

▶ 管理監督者をサポートできるよう、継続的かつ計画的なメンタルヘルスケアが行われる体制を構築しておくことが求められる

📖 基本解説

［1］ メンタルヘルスケア推進の必要性

　厚生労働省の指針[3]では、メンタルヘルスケアの基本的な対応について「職場に存在するストレス要因は、労働者自身の力だけでは取り除くことができないものもあることから、労働者の心の健康づくりを推進していくためには、職場環境の改善も含め、事業者によるメンタルヘルスケアの積極的推進が重要であり、労働の場における組織的かつ計画的な対策の実施は、大きな役割を果たすものである」としている。

　このため、事業者は「自らがストレスチェック制度を含めた事業場におけるメンタルヘルスケアを積極的に推進することを表明するとともに、衛生委員会又は安全衛生委員会（以下「衛生委員会等」という。）において十分調査審議を行い、メンタルヘルスケアに関する事業場の現状とその問題点を明確にし、その問題点を解決する具体的な実施事項等についての基本的な計画（以下「心の健康づくり計画」（※）という。）を策定・実施する」必要があるとしている（前掲指針）。当該計画に基づいてメンタルヘルスケアを推進していく上では、「『セルフケア』、『ラインによるケア』、『事業場内産業保健スタッフ等によるケア』並びに『事業場外資源による

図表 9-7　メンタルヘルス対策の全体像

● メンタルヘルス対策の取り組みは、目的や実施主体によって、次のように分類される

目的による分類	実施主体による分類
一次予防： 　メンタルヘルス不調を**未然に防止**する 　取り組み **二次予防：** 　メンタルヘルス不調を**早期に発見**し、 　適切な措置を行う取り組み **三次予防：** 　メンタルヘルス不調となった労働者の 　**職場復帰の支援等**を行う取り組み	**セルフケア：** 　労働者自身による取り組み **ラインによるケア：** 　管理監督者による取り組み **事業場内産業保健スタッフ等によるケア：** 　産業医や衛生管理者、保健師等による 　取り組み **事業場外資源によるケア：** 　事業場外の機関・専門家による取り組み

● メンタルヘルス対策を効果的に進めるためには、各事業場の実態に応じて４つのケアが継続的かつ計画的に行われるようにすることが重要

● また、事業者は、自らが**事業場におけるメンタルヘルス対策を積極的に推進することを表明**するとともに、**衛生委員会等において十分調査審議**を行い、**「心の健康づくり計画」**や**ストレスチェック制度の実施方法等に関する規程を策定**することが必要となる

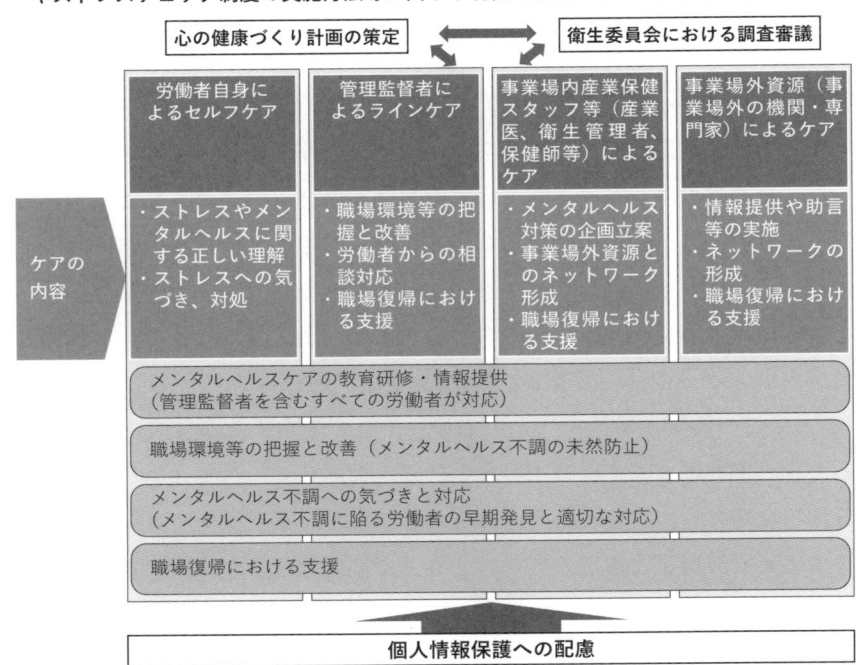

ケア』の４つのメンタルヘルスケアが継続的かつ計画的に行われるように
することが重要である」（同指針）としている ［図表9-7］。

［2］ ラインケアの重要性

　「４つのメンタルヘルスケア」のうち「管理監督者によるラインケア」
については、「管理監督者は、部下である労働者の状況を日常的に把握し
ており、また、個々の職場における具体的なストレス要因を把握し、その
改善を図ることができる立場にあることから、6 （2）〈筆者注：6とい
うのは、「メンタルヘルスケアの具体的進め方」〉に掲げる職場環境等の把
握と改善、6 （3）に掲げる労働者からの相談対応を行うことが必要であ
る」（前掲指針）とされており ［図表9-8］、メンタルヘルスケアを進める
上での管理監督者の重要性は明らかである。

実務上のポイント

　部下の様子を最も近い立場で気に掛けることができるのが管理監督者で
あり、業務上のフォローのみならず健康面を気遣う視点が非常に重要とな
る。部下の悩みや健康上の不安などを把握した際には、今後に向けた丁寧
な話し合いなど管理監督者が一次対応として担う部分は少なくない。

　とはいえ、事案が発生した場合には１人で抱え込むことなく、事業場内
産業保健スタッフ等（産業医、衛生管理者、保健師等）や事業場外資源
（事業場外の機関・専門家）とも必要に応じて連携しながら対応に当たれ
るよう、事業場としては継続的かつ計画的なメンタルヘルスケアが行われ
る体制を構築しておくことが求められる。なお、事業場内産業保健スタッ
フや事業場外資源と連携して対応する上では、対象となる部下の健康情報
を含めた個人情報の保護への配慮が極めて重要となる。

図表9-8 「いつもと違う」部下の把握と対応

> ラインによるケアで大切なのは、管理監督者が「いつもと違う」部下に早く気づくこと。「いつもと違う」という感じを持つのは、部下がそれまでに示してきた行動様式からズレた行動をするからであり、それまで遅刻をしたことなどなかった部下が遅刻を繰り返したり、無断欠勤をしたりするようになった状態である。速やかな気づきのためには、日頃から部下に関心を持って接しておき、いつもの行動様式や人間関係の持ち方について知っておくことが必要となる

「いつもと違う」部下の様子

▶ 遅刻、早退、欠勤が増える
▶ 休みの連絡がない（無断欠勤がある）
▶ 残業、休日出勤が不釣り合いに増える
▶ 仕事の能率が悪くなる。思考力・判断力が低下する
▶ 業務の結果がなかなか出てこない
▶ 報告や相談、職場での会話がなくなる（あるいはその逆）
▶ 表情に活気がなく、動作にも元気がない（あるいはその逆）
▶ 不自然な言動が目立つ
▶ ミスや事故が目立つ
▶ 服装が乱れたり、衣服が不潔であったりする

資料出所：厚生労働省 独立行政法人労働者健康安全機構「職場における心の健康づくり〜労働者の心の健康の保持増進のための指針〜」を一部改変

56 メンタルヘルス不調者に対する医師の受診命令

▶就業規則の規定の有無にかかわらず、合理性および相当性があれば受診命令は可能だが、メンタルヘルス不調という特性を踏まえた上で慎重な対応が求められる

▶職場におけるメンタルヘルス不調者への対応に関しては、事例性（日常活動における変化〔具体的な事実〕）に基づいて進めることが重要である

📖 基本解説

［1］使用者による受診命令と受診に際しての費用負担

仕事の能率が極端に落ちたり、言動に異変があったりするなど客観的に見てメンタルヘルス不調が疑われるような場合に、使用者として医師の受診を命じることができるか否かという問題がある。

電電公社帯広局事件（最高裁一小　昭61. 3 .13判決）は、使用者が、業務上認定された疾病（頸肩腕症候群）の長期罹患者である労働者に対し、就業規則および労働協約の規定に基づき使用者指定の医療機関における精密検診を命じたところ、労働者が受診を拒否したという事案で、精密検診が労働者の病気治癒という目的に照らして合理的で相当な内容のものであれば、労働者において受診の自由や医師選択の自由を理由に受診を拒否することは許されないと判示した。よって、受診命令について就業規則に定めがある場合は、受診を命じる合理的かつ相当な理由があれば可能であると解される。一方で、就業規則に根拠規定がない場合であっても、労使間における信義則ないし公平の観点に照らし合理的かつ相当な理由のある場合、医師の受診を命じることができるとした裁判例もある（京セラ事件　東京高裁　昭61.11.13判決）。

なお、受診を命じた場合の費用負担については、就業規則における規定

206

図表 9-9 ▶ 医師の受診命令についての規定例

（医師の受診命令）
第XX条　従業員が心身の不調により、またはその疑いにより、業務の遂行に支障が生じていると会社が判断した場合には、当該従業員の健康確保のため会社が指定する医師の受診を命じることがある。
2　前項の場合において、受診に要する費用（診断書代を含み、交通費は除くものとする）は会社負担とする。

または労使間の協議によるが、納得感を持って受診してもらい、その後も円滑に事を進めるためにも、会社負担とすることが現実的といえる。

[2] いざというときのために就業規則に規定しておく

　以上のとおり、就業規則の規定の有無にかかわらず、合理性および相当性がある中での受診命令が理屈上は可能であり、メンタルヘルス不調の場合も同様に考えられる。また、受診する医師の指定も、前掲電電公社帯広局事件では受診命令と同様に可能としている。とはいえ、メンタルヘルス不調はその特性上デリケートな面を多分に含んでいるので、本人が受診を拒否している中で最初から理屈を押し通すことは望ましくなく、慎重な対応を要するといえる。例えば、家族の協力を得たり、社内外の専門スタッフを介して話し合いをしたりといったことも検討すべきだろう。受診命令を検討するケースに数多く直面するわけではないと思われるものの、いざというときに備え、就業規則に規定しておくことが望ましい［図表9-9］。

実務上のポイント

　職場におけるメンタルヘルス不調者への対応となると、診断名や身体の症状などに目が向かいがちだが、そうした点は医師等の専門家が判断する領域である。管理監督者の役割は、「いつもと違う」部下の様子に気づくことであり（55の［図表9-8］参照）、そのような業務に支障を来す日常活動における変化（具体的な事実）が確認されるのであれば、積極的に介入することが重要である。

57 私傷病休職中の労務管理上の留意点

▶私傷病休職制度は法的な枠組みによるものではなく、会社が独自に定めるものであり、就業規則の規定にのっとって運用していくこととなる
▶療養に専念して職場復帰を目指す上でも、また休職制度に関する認識に行き違いが生じないようにする上でも、休職発令の際に休職に関する事項を丁寧に伝えておくことが肝要といえる

📖 基本解説

［1］ 休職とは労働契約関係を存続させつつ就労を免除・禁止するもの

　私傷病休職制度は法的な枠組みによるものではなく、会社が独自に定めるものであり（以下、本章において「休職」あるいは「休職者」とある場合、私傷病によるものを指すこととする）、私傷病によって就労が不能または不適切といった就業規則に定める事由に該当した場合に、労働契約関係を存続させつつ就労を免除または禁止するものである。

［2］ 休職期間満了時の扱い

　休職期間満了時に私傷病が治癒せずに復職できないとなった場合には、退職（自然〔自動〕退職または解雇）とする扱いになっていることが一般的である。なお、いわゆる同一労働同一賃金ガイドライン[4]において、「短時間労働者（有期雇用労働者である場合を除く。）には、通常の労働者と同一の病気休職の取得を認めなければならない。また、有期雇用労働者にも、労働契約が終了するまでの期間を踏まえて、病気休職の取得を認めなければならない」とされていることにも留意が必要である。

［3］ 休職発令の際の丁寧な説明がポイント

　労働契約との関係においては、解雇の猶予が休職制度の目的といえるが、実際は休職制度を利用することで、療養に専念して離職に至ることな

図表 9-10 休職発令に際しての説明事項の例

(1) 休職期間中は病気回復を目指して療養に専念することが大切であること

(2) 休職中の所在を明らかにしておくこと

(3) 休職中の各種取り扱いについて（給与、傷病手当金、休職可能期間、休職期間満了と退職の関係など）

(4) 不安な点などがある場合は、いつでも担当者に連絡すること
 ＊会社側の担当窓口を明確に決めておく

(5) 休職中は月1回程度、会社担当者から状況確認の連絡が入る（必要に応じて面談を実施する）こと

(6) 家族や主治医から情報（家庭環境、家族の病識・理解度合い、協力体制・経済的支援など）を得る場合があること
 ＊情報を得るに当たっては、休職者の同意が必要

(7) 職場復帰の意欲が出てきたら、担当者にその旨を連絡すること

(8) 職場復帰支援に関する体制・仕組みについて

(9) 職場復帰の際の手続きについて

く職場復帰してもらうことが目指すべき方向性である。そのためには、就業規則の規定に従って形式的に休職を発令して経過を見守るのではなく、まずは休職発令に際して休職者に安心感を与えるという意味も含めて、休職に関する事項について丁寧に伝えておくことが肝要といえる ［**図表9-10**］。

［4］ 休職期間中の会社の対応

　［図表9-10］にもあるとおり、休職期間中は月1回程度の状況確認連絡を行い、休職者の現況を把握するといった対応が考えられる。これは、引き続きの休職の必要性や復職の見込みを確認する意味合いはもとより、会社の様子を伝えるなどして休職者に安心感を与えるためでもある。ただ

し、会社の様子を伝えることが安心につながる場合もあるが、休職者の状況によっては会社に関する話は避けたいということもあり得るので、そのあたりは見極めが必要である。また、回復度合いに応じて、「好きなことやできることから始めるのは、復帰のためのリハビリの一環」といったことを伝えるのも一つであろう。

　なお、会社からの連絡に応じる、あるいは休職者が会社からの求めに応じて病状を報告することについては、その根拠となる規定を就業規則に置くべきである（休職期間中は療養に専念することも、労働契約の締結に伴って付随的に発生する義務とまでは言い切れないため、療養に専念すべき旨を就業規則に規定しておくのがよいだろう）。

実務上のポイント

　休職制度は、就業規則の規定にのっとって運用していくものなので、断続的な欠勤への対応も含めた休職発令事由の明確化、私傷病再発時における休職期間の通算に係る取り扱い、復職の要件・手続きなど、まずは就業規則の整備を万全にしておき、管理職も正確に把握しておくことが求められる。その上で、実際の休職発令に当たっては［図表9-10］でも示したように、就業規則に規定されている内容と重複することでも、認識の行き違いが生じないようにポイントとなる点を休職予定者に対して明確に説明しておくことが、トラブルの防止につながるといえる。

58 私傷病休職制度と解雇との関係

▶休職制度適用前あるいは休職期間中の解雇も傷病の重さ次第では一応考えられるが、解雇の有効性のハードルの高さに照らしても、あえて解雇を持ち出すことは現実的でない
▶私傷病として扱っているメンタルヘルス不調の事案については、労災の可能性が潜んでいることも念頭に置いておきたい

📖 基本解説

［1］休職制度適用前の解雇の可否

労働契約で約束した日数・時間の就労が労働契約存続の前提となるため、「身体または精神の障害によって業務に堪えないとき」を普通解雇の事由として就業規則に規定している企業が一般的である。

休職制度を設けている場合には 57 で触れたとおり、解雇の猶予が休職制度の目的といえる。これは換言すれば、休職中は私傷病からの回復を待つ期間ということである。そのことを踏まえると、所定の休職期間中に復職することが見込めず、就労不能である蓋然性が高い場合には、休職制度を適用することなく解雇する余地もあると考えられる。とはいえ、そのような蓋然性の高さの判断を客観的な合理性をもって行うことは困難であり、休職制度を会社として設けている以上は、解雇権濫用とならないよう、それを適用するのが実務上の対応といえる。

［2］休職期間中の解雇の可否

休職制度を適用している場合に、所定の休職期間を経ても就労不能である蓋然性が高いことをもって、休職期間満了を待たずに解雇することは可能だろうか。こちらについても、考え方としては［1］の休職適用前の解雇と同じであり、理屈上はそのような解雇をする余地もあるものの、解雇

権濫用と判断されるリスクを踏まえれば、ことさら解雇に踏み切る実益は乏しいと考えられる。

［3］ メンタルヘルス不調の場合の留意点

　メンタルヘルス不調の場合の解雇は、労災との兼ね合いが問題となり得る。私傷病という前提で進めている事案であっても、場合によっては労災の可能性が潜んでいることもある。

　労災の場合には、その休業期間中およびその後30日間が解雇制限（労基法19条）の対象となることはもとより、休職制度を適用した後に労災認定がなされれば、休職制度の適用自体がそもそも成り立たなくなる。そうすると、健康保険で病院を受診していた分の精算処理や受給済みの健康保険の傷病手当金の返金などの対応へも波及するが、そうした事務的な問題もさることながら、労災認定されることでの当該事案における会社の責任（安全配慮義務違反に基づく損害賠償請求〔精神的苦痛に伴う慰謝料等〕を労働者から提起される可能性）が問題としては大きい。決して、私傷病という前提で進んでいる事案に対して疑問の視線を常に持ったほうがよいという趣旨ではないが、わが国での就業環境の急速な変化に伴って働く上でのストレス要因が増している中、労災のリスクを改めて念頭に置いておくことが重要である（労災発生時の対応については 63 参照）。

実務上のポイント

　労働契約の厳密な解釈および休職制度の趣旨からすれば、休職制度適用前あるいは適用中の解雇は傷病の重さ次第では一応考えられる。しかし、解雇の有効性のハードルの高さに照らしても、あえて解雇することは現実的でなく、休職制度にのっとった対応を確実に進めていくのが得策といえる。なお、復職が見込めないまま休職期間満了を迎えた場合の労働契約解消の在り方が、「自然（自動）退職」なのか「解雇」なのかは就業規則の規定次第だが、解雇の場合には、やはり有効性の問題が絡んでくるため、あえて解雇と規定する理由はほとんどないと考えられる。

59 メンヘル不調で欠勤や休職・復職を繰り返す部下への対応

▶欠勤や休職・復職の繰り返しといったイレギュラーなケースに備えるためにも、就業規則の整備を万全にしておく必要がある

▶休職制度の改定によって新たな制約を課す場合には、労働条件の不利益変更の問題があるが、休職制度の内容は直ちに従業員全員に関わるわけでもないため、制度改定の大義名分を明確に整理した上で進める

基本解説

［1］欠勤制度の実態

　休職制度の運用は就業規則の規定次第であるが、休職の発令要件として一定の欠勤期間（休職開始までの期間）を定めていることが一般的である。労務行政研究所の調査[5]によれば、一定の欠勤期間を定めている場合に、「勤続年数、疾病の種類を問わず一律に定める」が70.8％と約7割を占め主流となっている。一律で設定している場合の欠勤期間は、最低では0.5カ月（2週間）、最高では33カ月と分布には幅があるものの、「3カ月」が33.7％で最も多い。次いで「1カ月」が33.2％とわずかな差で続き、「6カ月」が17.6％となっている。

［2］欠勤・休職と出勤を繰り返すケースへの対応

　私傷病による欠勤期間は連続した欠勤が基本的には想定されるが、メンタルヘルス不調の場合には欠勤と出勤を繰り返すことも珍しくない。そのため、就業規則はそのような断続的な欠勤も想定した規定にしておく必要がある［図表9-11］。この規定例では、一定の欠勤期間に基づく休職発令のほか、「精神障害等により職務に堪えないと会社が判断したとき」という事由を定めておくことで、精神障害に関してより柔軟な対応を採り得るようにしている。

213

（休職）
第XX条　従業員が次の各号の一に該当するときは休職とする。
　(1)　業務外の傷病により欠勤が継続して１カ月以上に及んだとき。
　(2)　本人が休職を願い出て、会社がこれを認めたとき。
　(3)　精神障害等により職務に堪えないと会社が判断したとき。
　(4)　出向により関係会社または団体に勤務するとき。
　(5)　前各号のほか、社内秩序の維持その他特別の事情があって会社が休職させることを適当と認めたとき。
２　前項各号の休職に関する事項は、試用期間中の者には適用しない。
３　第１項第１号の事由により欠勤中の従業員が出勤した場合でも、同一の傷病を理由として再度欠勤したことで連続４勤務日以上の勤務がなされなかったときは、欠勤期間は中断されないものとし、出勤期間を除く前後を通算して欠勤期間を計算する。

図表 9-12 休職と復職を繰り返すケースに備えた規定例

【休職の適用を原則１回限りとする例】
　第XX項に定める休職の適用は、会社が特別に命じた場合または認めた場合を除き、原則１回限りとする。

【復職後の再休職時に休職期間を通算し、復職後１年以内の傷病再発時には欠勤期間を設けずに休職発令する例】
　第XX条第XX項第XX号による休職から復職した者が、再度同号による休職事由に該当した場合の休職期間は、第XX項第XX号に定める休職期間から既に休職した期間を減じた期間とする。この場合であって、休職の原因となる業務外の傷病が復職後１年以内に再発したものであると認められるときには、欠勤開始時点から直ちに休職とする。

　メンタルヘルス不調で休職と復職を繰り返すケースへの対応でも、就業規則の規定によって一定の制限を設けることが考えられる ［**図表9-12**］。

実務上のポイント

　休職制度の運用に当たっては、就業規則の整備を万全にしておくことでイレギュラーなケースにも備えることが重要である。とはいえ、想定外のケースも発生し得るので、その場合には就業規則の改定も検討する必要がある。改定に際しては、通常、従来よりも制約を課す内容になることが想定されるため労働条件の不利益変更の問題に直面する。不利益の度合いにもよるが、既に休職中の従業員に対しては従前の内容を保障することとして、制度改定の大義名分を明確に整理した上で進めていく余地はあるだろう。

　メンタルヘルス不調によって欠勤や休職を繰り返す部下がいる場合、管理職としては就業規則の規定を理解した上で、人事部門や産業医などの産業保健スタッフとも連携を取りながら、状況に応じた適切な対策を講じることが重要となる。

　なお、復職判定時に休職者から提出される主治医による診断書の内容が、必ずしも職場で求められる業務遂行能力まで回復しているか否かの判断とは限らないという問題もある（**61**参照）。

私傷病休職からの復職における治癒の考え方

▶ 私傷病の治癒は、従前の職務を通常の程度に行える健康状態に復したことが原則である

▶ 軽易作業に就かせていれば、ほどなく通常業務へ復帰できる見込みがある場合には、使用者がそれへの配慮を行うことを義務づけられるという考え方もある

▶ 復職の可否判断を適切に行うために、社内手続きのルール化が必要

基本解説

［1］裁判例から見た復職時の対応

　復職可能な状態になったと休職者が考える場合には、会社が定める手続きに沿って復職を申し出て、それを受けた会社が復職の可否を判断することとなる。復職には私傷病の治癒が前提となるが、治癒とは、原則として「従前の職務を通常の程度に行える健康状態に復したとき」（平仙レース事件　浦和地裁　昭40.12.16判決、大建工業事件　大阪地裁　平15.4.16決定）をいい、したがって、ほぼ平癒したが従前の職務を遂行する程度には回復していない場合には、復職は権利として認められない（アロマカラー事件　東京地裁　昭54.3.27決定）とする考え方がある。これは、職種・業務内容を限定した労働契約の場合には、なおのこと当てはまるといえる。一方で、職種・業務内容を限定していない労働契約の場合に、当初は軽易作業に就かせていればほどなく通常業務へ復帰できるという回復ぶりである場合には、使用者がそれへの配慮を行うことを義務づけられるとした事例（エール・フランス事件　東京地裁　昭59.1.27判決）があり、片山組事件（最高裁一小　平10.4.9判決）によって、労働者が傷病発症前の業務を遂行することが復職時点では困難な場合であっても、他に遂行し

図表9-13 片山組事件最高裁判決（一部抜粋）

労働者が職種や業務内容を特定せずに労働契約を締結した場合においては、現に就業を命じられた特定の業務について労務の提供が十全にはできないとしても、その能力、経験、地位、当該企業の規模、業種、当該企業における労働者の配置・異動の実情及び難易等に照らして当該労働者が配置される現実的可能性があると認められる他の業務について労務の提供をすることができ、かつ、その提供を申し出ているならば、なお債務の本旨に従った履行の提供があると解するのが相当である。

＊下線は筆者

得る業務が存在し、当該労働者が現にその業務での労務提供を申し出ているのであれば、それへの配置を検討することが企業には求められたといえる［図表9-13］。なお、同最高裁判決にある「当該労働者が配置される現実的可能性」に関しては、例えば総合職の労働者であれば総合職の職務の範囲で検討するなど、その職務において配置の可能性のある職務に就かせられるかを検討すれば足りるとしたものがある（伊藤忠商事事件　東京地裁　平25.1.31判決、日本電気事件　東京地裁　平27.7.29判決）。

［2］復職診断書で判断に必要な情報を収集する

精神疾患における「治る」ということについては、以下の段階があるとされている。

治癒（完治）：内服がほぼ不要になり、再発の可能性がほぼない
回復：寛解の状態が2カ月以上続いた状態
寛解：内服にて一定期間安定しているが、再発の可能性がある
安定：内服にて日常生活に支障がなく、病状が進行しない状態

復職の可否判断に当たり、こうした状態を会社が正確に把握するには、会社として知りたい情報を項目化した復職診断書［図表9-14］を用意して、主治医に記載してもらうのも一つの方法である。

職場復帰支援に関する情報提供書（復職診断書）

　下記の弊社従業員の職場復帰支援に際し、下記の内容についての情報提供及びご意見をお願いします。

　　事業場　　　　　　　　所属　　　　　　　従業員氏名

（主治医記入）	
患者氏名	生年月日：　　年　　月　　日（男・女）

診断書病名または状態：

現在の状態（業務に影響を与える可能性など）、回復の程度：

治療経過：

治療継続の必要性、今後の見通しなど：

就業の可否：　　（1）可　　（2）条件付き可　　（3）否

＊上記において（2）条件付き可の場合、就業の条件：
（1）就業時間（　　　　　　　　　　）（2）業務内容（　　　　　　　　）
（3）業務上の車両運転・機械運転の可否　（4）その他（　　　　　　　　）
　※短縮勤務などに対応できない場合は、その旨を注意書きしておくとよいでしょう。
＊就業上の配慮に関するご意見（症状の再燃・再発防止のために必要な注意事項など）：

上記の通り情報を提供致します。
　　年　　月　　日　　　　　医療機関所在地
　　　　　　　　　　　　　　医療機関名
　　　　　　　　　　　　　　主治医名　　　　　　　　　　　　　印

資料出所：「職場復帰支援マニュアル」（産業医学振興財団委託研究「中小規模事業場におけるメンタルヘルス対策の進め方に関する研究」）

実務上のポイント

　とりわけ職種・業務内容を限定していない労働契約の場合には、前掲アロマカラー事件にあるような原則的な治癒の考え方が必ずしも当てはまらないことに留意が必要である。ただ、その場合であっても、[図表9-13] にもあるように「当該企業の規模、業種、当該企業における労働者の配置・異動の実情及び難易等」も考慮した上での配置の現実的可能性を踏まえるという考え方であるため、復職希望者の要望を会社がすべて受け入れる必要があるわけではない。いずれにしても、復職の可否を決定するには慎重かつ的確な判断が必要となるので、それを適切に行うためにも、会議体の要否、判定権者や産業医との連携など社内手続きをルール化しておくべきである。

　メンタルヘルス不調は、個人の問題のみならず、職場環境やそれに起因するストレスの影響を受けた結果として発生することも少なからずある。メンタルヘルス不調による休職から復職した部下に対し、管理職としては職場のサポート体制を整えるなどして、再度の欠勤や休職を未然に防ぐことが求められる。また、復職者を特別扱いすることは避け、公平な対応を心掛けつつ、単純な業務から徐々にペースを上げていくと、負担を軽減できるだろう。人事担当者や産業医とも連携し、日常的な監督体制を整えることが必要である。

61 復職の検討に当たっての 私傷病休職者の回復レベル

▶ 主治医が復職可能と判断しても、必ずしも職場で求められる業務遂行能力 まで回復しているとは限らない

▶ あらかじめ主治医に対して職場で必要とされる業務遂行能力の内容や社内 勤務制度等に関する情報を提供するなどして、職場復帰可否の適切な判断 を行えるようにしたい

基本解説

［1］主治医の診断書

　休職者の職場復帰は、主治医が復帰可能と判断していることが前提である。そのため、休職者から復帰の意思を伝えられた場合、会社は職場復帰可能の旨が記された診断書の提出を求めることになる。その際、診断書には回復の程度や就業上の配慮に関する具体的な意見を記入してもらうことがポイントになるが、復職可能とだけ記載されていることもあるので、会社が復職診断書のフォーマット（60の［図表9-14］参照）を用意するのも一つの方法である。主治医の診断書の内容に関しては、厚生労働省の職場復帰支援の手引き（以下、手引き）[6]において、次のとおり示されている。

　　休業中の労働者から職場復帰の意思が伝えられると、事業者は労働者に対して主治医による職場復帰可能の判断が記された診断書（復職診断書）を提出するよう伝える。診断書には就業上の配慮に関する主治医の具体的な意見を含めてもらうことが望ましい。

　　ただし現状では、主治医による診断書の内容は、病状の回復程度によって職場復帰の可能性を判断していることが多く、それはただちにその職場で求められる業務遂行能力まで回復しているか否かの判断と

は限らないことにも留意すべきである。また、労働者や家族の希望が含まれている場合もある。そのため、主治医の判断と職場で必要とされる業務遂行能力の内容等について、産業医等が精査した上で採るべき対応について判断し、意見を述べることが重要となる。

　また、より円滑な職場復帰支援を行う上で、職場復帰の時点で求められる業務遂行能力はケースごとに多様なものであることから、あらかじめ主治医に対して職場で必要とされる業務遂行能力の内容や社内勤務制度等に関する情報を提供した上で、就業が可能であるという回復レベルで復職に関する意見書を記入するよう依頼することが望ましい。　　＊下線は筆者

［2］厚生労働省の手引きによる復職の判断基準

　手引きでは、休職者の回復レベルを問題にしており、日常生活を送ることができるレベルと職場で求められる業務遂行能力までの回復レベルとでは段階がまったく異なるといえる［図表9-15］。しかしながら、単に診断

図表 9-15　休職者の回復レベルと復職基準

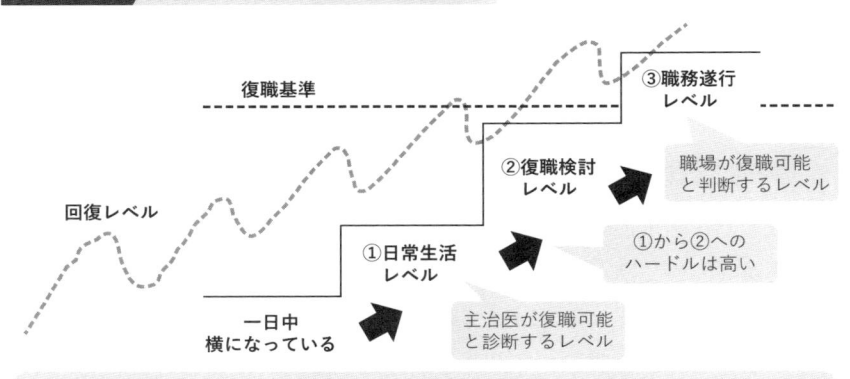

①日常生活レベル…治療により日常生活が可能となるが負荷がかかれば不調になる
②復職検討レベル…自己コントロールできる範囲の負荷で不調にならずに済む
③職務遂行レベル…業務レベルの負荷がかかる場合でも不調にならずに済む

図表 9-16 職場復帰可否の判断基準の例

- ▶ 職場復帰に対して十分な意欲を示している
- ▶ 通勤時間帯に１人で安全に通勤ができる
- ▶ 会社が設定している勤務日に勤務時間の就労が継続して可能である
- ▶ 業務に必要な作業（読書、コンピュータ作業、軽度の運動等）をこなすことができる
- ▶ 作業等による疲労が翌日までに十分回復している
- ▶ 適切な睡眠覚醒リズムが整っている、昼間の眠気がない
- ▶ 業務遂行に必要な注意力・集中力が回復している　　など

資料出所：厚生労働省「心の健康問題により休業した労働者の職場復帰支援の手引き」(2004年10月、最終改訂：2012年7月)、［図表9-18］も同じ

書を依頼しただけでは十分な情報を得られにくいことも想定されるので、手引きにもあるように「あらかじめ主治医に対して職場で必要とされる業務遂行能力の内容や社内勤務制度等に関する情報を提供」するなどして、職場復帰の可否を適切に判断できるようにしたい。なお、手引きでは職場復帰の可否の判断について「職場復帰可否について〈中略〉個々のケースに応じて総合的な判断を行わなければならない。労働者の業務遂行能力が〈中略〉完全に改善していないことも考慮した上で、職場の受け入れ制度や態勢と組み合わせながら判断する」とし、判断基準の例（［**図表9-16**]）を掲げているので、参考にしてほしい。

実務上のポイント

　休職者の状態を正確に把握した上で復職の可否判断を行うには、主治医との連携（情報交換）が考えられる。その場合、主治医から情報提供を受ける（反対に、会社からは職場で必要とされる業務遂行能力の内容や社内勤務制度等に関する情報を提供する）趣旨・目的が、復職可否の判断および復職後のフォローのためである（人事評価などには利用しない）ことを明らかにした上で、事前に当該休職者へ説明して、同意を得ておく必要がある。トラブル防止のためには書面での同意を得ておくべきである。

62 私傷病休職者の職場復帰支援に関するその他のポイント

▶休職者の職場復帰支援に関する施策は、法的な枠組みによるものではないため、各社で異なる

▶休職者がスムーズに職場復帰できるように、休職者の状況に合わせた対応を行うため産業医等とも相談しながら、複数のメニューを用意しておくことが望ましい

基本解説

休職者の職場復帰支援に関して、その他のポイントを見ていく。

［1］生活記録表を活用した生活リズムの確認

メンタルヘルス不調から回復し復職する上では生活リズムの安定化が重要となるが、生活記録表を休職者に記入してもらい、復職可否の判断材料にするという方法がある［図表9-17］。復職可否の判断材料とする以上は、生活記録表を読み取る際の視点を社内で統一しておく必要があり、例えば以下のような観点が挙げられる。

①一定の時刻で起床できているか（始業時刻に間に合うか）

②起床時の疲れはどの程度か

③就業状況をイメージして日中に活動できているか（通勤等のための体力づくり）

④集中力・業務遂行能力はどうか（読書、一定時間の単純作業等）

⑤人と関われるか、コミュニケーションが取れるか

毎日同じ時間帯に起き、日中に活動して、同じ時間帯に就寝するという生活ができていなければ、復職は難しいといえる。

図表 9-17 生活記録表の例

対象期間：　　　　年　　月　　日 ～　　　　　年　　月　　日

氏名：_____

記入例

時間	活動内容 ○月 □日 水曜日	活動内容 月　日 曜日	活動内容 月　日 曜日	活動内容 月　日 曜日	活動内容 月　日 曜日	活動内容 月　日 曜日	活動内容 月　日 曜日	活動内容 月　日 曜日
1：00								
2：00								
3：00	睡眠							
4：00								
5：00								
6：00	起床							
7：00	朝食							
8：00								
9：00								
10：00	運動							
11：00	(○○スポーツ)							
12：00								
13：00	昼食							
14：00								
15：00	図書館							
16：00								
17：00	買い物							
18：00								
19：00	家事手伝い							
20：00	夕食							
21：00								
22：00	就寝							
23：00	睡眠							
0：00								
備考	起床はスッキリで、昼間の図書館でも集中して本が読めた。食欲あり。							

備考欄には、当日の体調や感じた事、お薬の内服状況や睡眠などについても自由に記入いただけます。

資料出所：厚生労働省「医学的知見に基づくストレスチェック制度の高ストレス者に対する適切な面接指導実施のためのマニュアル 2021年 9 月版」

図表 9-18 試し出勤制度等

①**模擬出勤**：職場復帰前に、通常の勤務時間と同様な時間帯において、短時間または通常の勤務時間で、デイケア等で模擬的な軽作業やグループミーティング等を行ったり、図書館などに行ったりして時間を過ごす
②**通勤訓練**：職場復帰前に、労働者の自宅から職場の近くまで通常の出勤経路で移動を行い、そのまま職場付近で一定時間を過ごした後に帰宅する
③**試し出勤**：職場復帰前に、職場復帰の判断等を目的として、本来の職場などに試験的に一定期間継続して出勤する

［2］試し出勤制度、事業場外資源の活用

　復職に向けた足慣らしとして、また、復職可否の見極めを行うために、休職期間中に試し出勤を行う制度を設けることも考えられる。厚生労働省の手引きでも「社内制度として、正式な職場復帰の決定の前に、以下の①から③までの例に示すような試し出勤制度等を設けている場合〈筆者注：［図表9-18］参照〉、より早い段階で職場復帰の試みを開始することができ、早期の復帰に結びつけることが期待できる。また、長期に休業している労働者にとっては、就業に関する不安の緩和に寄与するとともに、労働者自身が実際の職場において自分自身及び職場の状況を確認しながら復帰の準備を行うことができるため、より高い職場復帰率をもたらすことが期待される」としている。あくまで職場復帰前（休職期間中）における対応のため、業務には該当しない範囲で作業等を行うことを前提とする（その結果として賃金は発生せず、労災保険も適用されない）のが基本といえるが、制度の運用に関して同手引きでは以下のとおり言及している。

> 　この制度の導入に当たっては、この間の処遇や災害が発生した場合の対応、人事労務管理上の位置づけ等について、あらかじめ労使間で十分に検討しておくとともに、一定のルールを定めておく必要がある。なお、作業について使用者が指示を与えたり、作業内容が業務（職務）に当たる場合などには、労働基準法等が適用される場合がある（災害が発生した場合は労災保険給付が支給される場合がある）ことや賃金

等について合理的な処遇を行うべきことに留意する必要がある。

　また、この制度の運用に当たっては、<u>産業医等も含めてその必要性</u><u>を検討するとともに、主治医からも試し出勤等を行うことが本人の療</u><u>養を進める上での支障とならないとの判断を受けることが必要であ</u><u>る</u>。

　さらに、これらの制度が事業場の側の都合でなく<u>労働者の職場復帰</u><u>をスムーズに行うことを目的として運用されるよう留意すべきであ</u><u>る</u>。

　特に、③の試し出勤については、具体的な職場復帰決定の手続きの前に、その判断等を目的として行うものであることを踏まえ、<u>その目</u><u>的を達成するために必要な時間帯・態様、時期・期間等に限るべきで</u><u>あり、いたずらに長期にわたることは避けること</u>。　　**＊下線は筆者**

　また、事業場外資源の活用では、「公的な事業場外資源による職場復帰支援サービスの例として、地域障害者職業センターが行う『職場復帰支援（リワーク支援）事業』があり、職場復帰後の事業場等への公的な支援の例として、リワーク支援終了後のフォローアップや『職場適応援助者（ジョブコーチ）による支援事業』（障害者が職場に適応できるよう、障害者職業カウンセラーが策定した支援計画に基づきジョブコーチが職場に出向いて直接支援を行う事業）などがある。その他、民間の医療機関やいわゆるEAP（Employee Assistance Program）等が、有料で復職支援プログラム、リワークプログラム、デイケア等の名称で復職への支援を行うケースがある。ただし、これらの機関が提供するサービスの内容や目標は多様であり、それらが事業場で必要としている要件を十分に満たしているかについて、あらかじめ検討を行うことが望ましい」(同手引き)とされている。

［3］職場復帰後のフォロー

　職場復帰後の一定期間は労働負荷を軽減し、段階的に元へ戻していくなどの配慮が重要だといえ、前掲手引きでは配慮の例として以下のものを挙

げている。また、管理監督者による観察と支援のほか、事業場内産業保健スタッフ等によるフォローアップが求められる。

> ▶ 短時間勤務
> ▶ 軽作業や定型業務への従事
> ▶ 残業・深夜業務の禁止
> ▶ 出張制限（顧客との交渉・トラブル処理などの出張、宿泊を伴う出張などの制限）
> ▶ 交替勤務制限
> ▶ 業務制限（危険作業、運転業務、高所作業、窓口業務、苦情処理業務等の禁止または免除）
> ▶ フレックスタイム制度の制限または適用（ケースにより使い分ける）
> ▶ 転勤についての配慮

実務上のポイント

　職場復帰支援施策は、いずれも法的な枠組みによるものではないが、休職者の職場復帰をスムーズに行うためには有用と考えられるので、自社で採り入れられるものを検討しておきたい。休職者の状況はさまざまなので、それぞれの状況に合わせて対応し得るよう、産業医等とも相談しながら選択肢として複数のメニューを用意しておくことが望ましい。

　上司の役割としては、私傷病で休職した部下が円滑に職場復帰できるようにする上で、業務配分の工夫が重要となる。この点、復職者に対して過度な負荷をかけずに、復職者の健康状態や意欲を確認しながら、段階的に業務を割り当てることが考えられる。具体的には、初めは比較的単純で基礎的な業務から始め、少しずつ複雑なタスクや責任のある仕事を任せるようにしていくことで、復職者が自信を持って職場での業務を再開できるようにしていく。再休職にならないよう、管理職としては業務内容の管理とサポートを行っていく必要がある。

63 労災発生時の対応

▶ 精神障害の労災認定については、請求件数も支給決定件数も顕著に増加している

▶ 認定に当たっては、発症前の出来事についての心理的負荷を評価することとなり、ハラスメントおよび長時間労働に要注意である

▶ 労災の可能性のある事案への対応としては、事案の原因となり得る事象の整理および事実確認を速やかに行う必要がある

基本解説

［1］精神障害による労災の請求件数・支給決定件数の状況

54 の［図表9-5］で見たとおり、精神障害による労災の請求件数および支給決定件数は近年顕著に増加しており、2013年度と2023年度の件数を比較してみると、請求件数は約2.5倍（1409件→3575件）、支給決定件数は約2倍（436件→883件）という状況である。また、精神障害の労災認定に関して、より適切な認定、審査の迅速化、請求の容易化を図ることを目的として、業務による心理的負荷評価表の見直しなど認定基準の改正[7]が行われたこともあり、今後も件数が増加すると見込まれている。

［2］精神障害の労災認定の流れ

精神障害の労災認定では、認定基準の対象となる精神障害［図表9-19］を発病していることを前提として、業務による心理的負荷の評価を行う。当該評価では、「業務による心理的負荷評価表」を用いて、「『特別な出来事』に該当する出来事の有無」を確認し、「特別な出来事」に該当する出来事がない場合には、「『特別な出来事』以外の『具体的出来事』の心理的負荷」を評価することとなる。

［図表9-5］で見たとおり、出来事別支給決定件数ではパワハラが1位、

図表 9-19 労災認定基準の対象となる精神障害

・認定基準の対象となる精神障害は、疾病および関連保健問題の国際統計分類第10回改訂版（ICD-10）第 V 章「精神および行動の障害」に分類される精神障害であって、認知症や頭部外傷などによる障害（F0）およびアルコールや薬物による障害（F1）は除く

・業務に関連して発病する可能性のある精神障害の代表的なものは、うつ病（F3）や急性ストレス反応（F4）など

ICD-10 第 V 章「精神および行動の障害」分類

分類コード	疾病の種類
F0	症状性を含む器質性精神障害
F1	精神作用物質使用による精神および行動の障害
F2	統合失調症、統合失調症型障害および妄想性障害
F3	気分（感情）障害
F4	神経症性障害、ストレス関連障害および身体表現性障害
F5	生理的障害および身体的要因に関連した行動症候群
F6	成人の人格および行動の障害
F7	知的障害（精神遅滞）
F8	心理的発達の障害
F9	小児（児童）期および青年期に通常発症する行動および情緒の障害、詳細不明の精神障害

資料出所：厚生労働省「精神障害の労災認定」を一部改変（［図表9-20］も同じ）

セクハラが３位となっており、職場におけるハラスメント防止のための取り組みの重要性がここでも浮き彫りになっている。また、「特別な出来事」の類型の一つとして「極度の長時間労働」があり、発病直前の１カ月におおむね160時間を超えるような（またはこれに満たない期間にこれと同程度の〔例えば３週間におおむね120時間以上の〕）時間外労働を行った場合とされているので、長時間労働の問題の重大性についても明白である。なお、労災認定のフローチャートについては、［図表9-20］を参照してもらいたい。

図表 9-20 精神障害の労災認定のフローチャート

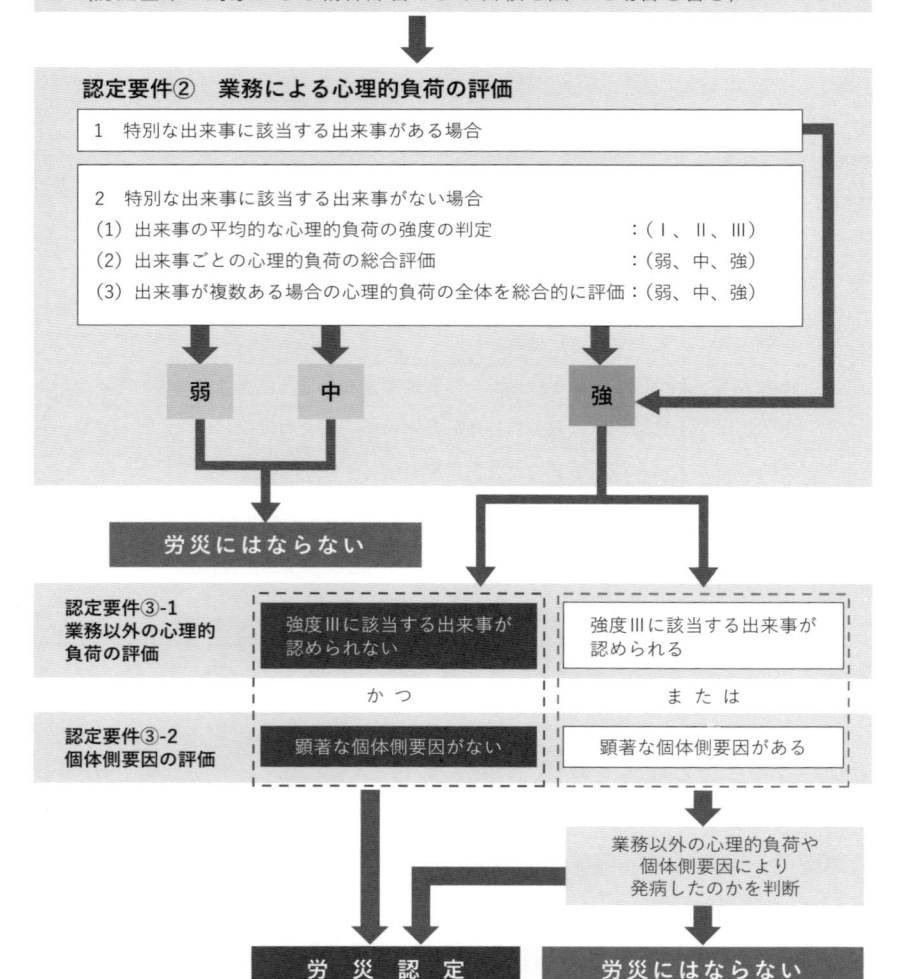

認定要件①　認定基準の対象となる精神障害を発病している
（認定基準の対象となる精神障害により自殺を図った場合を含む）

認定要件②　業務による心理的負荷の評価

1　特別な出来事に該当する出来事がある場合

2　特別な出来事に該当する出来事がない場合
(1) 出来事の平均的な心理的負荷の強度の判定　　　　　　　：（Ⅰ、Ⅱ、Ⅲ）
(2) 出来事ごとの心理的負荷の総合評価　　　　　　　　　　：（弱、中、強）
(3) 出来事が複数ある場合の心理的負荷の全体を総合的に評価：（弱、中、強）

弱　　**中**　　　　　　　**強**

労災にはならない

認定要件③-1
業務以外の心理的
負荷の評価

強度Ⅲに該当する出来事が認められない　　　強度Ⅲに該当する出来事が認められる

か つ　　　　　　　　　　または

認定要件③-2
個体側要因の評価

顕著な個体側要因がない　　　顕著な個体側要因がある

業務以外の心理的負荷や
個体側要因により
発病したのかを判断

労　災　認　定　　　　**労災にはならない**

［3］労災請求の手続き

労災請求の手続きは、労働基準監督署に対する労災の請求人が事業主ではなく労働者本人であるので、精神障害について労災の請求をするか否かは労働者の意思次第である。一方で、請求書には事業主の証明欄があり、事案によっては証明をすることに会社側が難色を示すケースもあるが、当該証明がなくても労働基準監督署で請求書は受け付けられる。労働者に対して会社側の考え方は表明しつつも、労災請求の意思を尊重し、できる範囲で労災請求に協力するという姿勢でいることは長い目で見た場合に必要であろう。

実務上のポイント

労働者のメンタルヘルス不調について業務との関連性が疑われる場合、あるいは労働者が労災請求を検討していることを把握した場合には、事案の原因となり得る事象の整理および事実確認を速やかに行う必要がある。大抵のケースで就労状況の確認は必須であるので、少なくとも直近6カ月分の勤怠状況は見ておく一方で、認定要件の一つである「個体側要因（精神障害の既往歴やアルコール依存状況など）による発病かどうか」の判断材料として、健康診断の結果についても確認しておくなどの対応を要する。

また、メンタルヘルス不調の事案について 58 でも触れたとおり、労災認定に至った場合には当該事案における会社の責任が問題として大きい。民事訴訟にまで発展するのは会社として止めようのないことではあるが、少なくとも労災認定に向けた対応の段階から本人や家族に対する迅速かつ真摯な対応が肝要だといえる。

Part 9　参考資料

1　厚生労働省「令和 5 年 労働安全衛生調査（実態調査）」

2　厚生労働省「令和 5 年度 過労死等の労災補償状況」

3　厚生労働省「労働者の心の健康の保持増進のための指針」（平18.3.31　健康保持
増進のための指針公示 3 、平27.11.30　健康保持増進のための指針公示 6 ）

4　厚生労働省「短時間・有期雇用労働者及び派遣労働者に対する不合理な待遇の禁
止等に関する指針」（平30.12.28　厚労告430）

5　労務行政研究所「私傷病欠勤・休職制度に関する実態調査」（『労政時報』第4077
号〔24.5.10／5.24〕）

6　厚生労働省「心の健康問題により休業した労働者の職場復帰支援の手引き」（2004
年10月、最終改訂：2012年 7 月）

7　厚生労働省「心理的負荷による精神障害の認定基準」（令 5 . 9 . 1 　基発0901第 2 ）

Part 10

多様な働き方・
ダイバーシティ

テレワークの導入と適正な労務管理

▶ テレワークを就労形態として想定する場合には、就業規則に規定するとともに、労働契約の締結に際して、就業の場所としてテレワークの実施場所を書面で明示しなければならない

▶ テレワークでは、業務に関する指示や報告が時間外にメール等によって行われることが、長時間労働の要因とされている点に留意する必要がある

📖 基本解説

［1］テレワークとは

　テレワークの形態としては、①労働者の自宅で行う「在宅勤務」、②労働者の属するメインのオフィス以外に設けられたオフィスを利用する「サテライトオフィス勤務」、③ノートパソコンや携帯電話等を活用して臨機応変に選択した場所で行う「モバイル勤務」に分類される[1]。

　テレワークを就労形態として想定するのであれば、労働条件として就業規則に規定しておく必要がある［図表10-1］。また、労働契約の締結に際しては、労働条件の書面明示義務の対象である「就業の場所（およびその

図表 10-1　就業規則におけるテレワークに関する主な規定事項

▶ テレワークを行うことができる労働者の範囲（対象者の要件）
▶ テレワーク時の服務規律
▶ テレワークを行うことができる場所
▶ テレワーク実施時の手続き
▶ テレワーク時に適用される労働時間制度、就業時間、休憩時間、時間外労働・休日労働、中抜け時間の取り扱い等
▶ テレワーク時の業務報告方法、勤怠記録方法
▶ テレワーク時における光熱費や通信費などの費用負担
▶ テレワーク規程を新たに策定する場合の、当該規程への委任規定　　　など

変更の範囲）」の一つとして、例えば「労働者の自宅」や「就業規則第XX条に定めるテレワークの就業場所」といった内容を明示することとなる。

［2］ テレワーク時に適用される法令

テレワークに特化した法規制があるわけではなく、テレワークも労使関係に基づく就労であることから、労働者に通常適用されるのと同様に労働関係法令（労基法、安衛法、労災保険法、社会保険関係法令など）の適用が及ぶこととなる。例えば、テレワークの対象者は原則として使用者が定めることができ、一定範囲に限定することも可能であるが、いわゆる同一労働同一賃金法制（パート・有期法8条等）に照らした場合に、雇用形態の違いのみを理由として対象者を区別するようなことは法に抵触するおそれがある。

なお、労働関係法令の適用単位となる「事業（場）」については、通達で「一の事業であるか否かは主として場所的観念によって決定すべきもので、同一場所にあるものは原則として分割することなく一個の事業とし、場所的に分散しているものは原則として別個の事業とすること」[2]とされているが、テレワークの広まりなどと相まってこのような概念が実態と合っているかが問題提起されており、今後の労基法見直しのテーマとなっている。

［3］ 在宅勤務手当と割増賃金

労基法との関係では、いわゆる在宅勤務手当を支給している場合の割増賃金の算定に留意が必要である。通達[3]によれば、在宅勤務手当が事業経営のために必要な実費弁償として支給されている場合に限って割増賃金の基礎となる賃金へ算入しないとしている。ただし、実費弁償として認められるのは、具体的な根拠に基づいて実費相当分をきちんと算定しており、それを超えない範囲内で支給しているケースに限られる。そのため、一定の金額を毎月支給するという一般的に見られる取り扱いの場合には、割増賃金の基礎となる賃金へ算入しなければならない。

　テレワークの場合にも円滑なコミュニケーションを行うことができるよう、業務報告の在り方や連絡体制についてのルール、WEB会議時におけるカメラの使用ルールなど、運用上の細かい点についてもあらかじめ明確にしておくことが肝要といえる。

　また、テレワークの場合には、どうしてもメールやチャットによる連絡を多用しがちだが、長時間労働の問題との兼ね合いでは、その要因として、「時間外等に業務に関する指示や報告がメール等によって行われること」がテレワークガイドラインで挙げられている。そのため、所定労働時間外のメールやチャット、電話による連絡は控えるよう徹底することが有効である。こうした業務の指示や報告の在り方については、業務上の必要性、指示や報告が行われた場合の対応の要否等について、各職場の実情に応じ、会社としてルールを設けることが重要と考えられる。

65 副業・兼業

▶副業・兼業を行うことは原則として自由である一方、労働契約の締結に伴って労働者が負う義務の観点から、一定の合理的な理由に基づいて副業・兼業を禁止または制限することが可能である
▶会社が副業・兼業を認めないと判断した場合は、その理由について疑問や不満が残らないよう明確に従業員へ伝える必要がある

📖 基本解説

［1］原則

　原則として、労働者が副業・兼業（以下、副業）を行うことは自由であり、企業が一律に禁止することはできない。これは、労働者が労働契約上の義務を負うのは指揮命令下にある労働時間内のみであり、それ以外の時間をどのように利用するかは基本的に労働者の自由であること、また、憲法上のいわゆる「職業選択の自由」が保障されていることが理由となる。

［2］例外的に副業を禁止・制限できる場合

　一方で、労働契約の締結に伴って付随的に発生する義務である「誠実に業務を遂行する義務」「企業秘密を守る義務」「競業避止義務」「会社の名誉・信用を守る義務」を労働者が負っていることから（ Part 1 の 5 参照）、一定の合理的な理由に基づいて副業を禁止または制限することは可能である。この点、厚生労働省のガイドライン[4]では、例外的に副業を禁止または制限ができる場合として、以下の①～④を挙げている。

> ①労務提供上の支障がある場合
> ②業務上の秘密が漏洩する場合
> ③競業により自社の利益が害される場合

④自社の名誉や信用を損なう行為や信頼関係を破壊する行為がある場合

会社は、副業に伴う労務管理を適切に行うために、労働者からの届け出によって副業の内容を確認する仕組みを設けておくことが望ましい。

［3］労働者からの副業申請・情報提供

上記の禁止・制限事由に該当するか否かを判断する上では、労働者からの副業の申請時に以下のような情報を提供してもらう必要がある。

▶ 副業が雇用なのか（労働契約を締結するのか）、そうでないのか
▶ 副業先の名称・所在地
▶ 副業先の事業内容、従事する業務内容
▶ 雇用であった場合の労働契約締結予定日・勤務開始予定日
▶ 所定労働日、所定労働時間、所定時間外労働の有無・見込み時間

労働者から申請を受けた場合、会社は、申請内容に基づいて自社が設定した基準に抵触しないかを判断することになる。仮に、申請内容が社内基準に抵触するために副業を認めないと判断した場合には、疑問や不満が残らないようその理由について明確に従業員へ伝える必要がある。

実務上のポイント

労働者が副業を行う場合には、会社としては安全配慮義務の観点から、当該労働者の健康管理に関して配慮が必要となる。管理職は、副業している労働者と定期的に話し合いの機会を持ち、仕事の負担やストレスについて確認して、副業が本業に影響を与えていないか、健康状態に問題がないかをチェックすることが求められる。併せて、業務量や時間外労働の状況なども確認し、必要に応じて調整や負担の軽減を図ることも重要である。副業によって、あまりにも業務負荷が高いのであれば、副業を制限するように働き掛けることも必要となるだろう。

66 有期契約労働者

- ▶有期労働契約は、契約期間の終期が到来すれば契約解消となるが、一定の場合には「雇止め」に当たり、解雇権濫用法理が類推適用される
- ▶有期労働契約を利用する場合は、「なぜ無期ではなく、有期労働契約なのか」を明確に説明できることを前提として運用していくべきである

📖 基本解説

[1] 雇止めにまつわる問題

期間の定めのある労働契約（有期労働契約）について、契約期間満了時に会社の意向によって更新しないことを「雇止め」という。筆者は、"雇止めが問題ないか"という相談を受けることも少なくないが、実際には「一方的な雇止めは難しい」と判断せざるを得ない事案が相当数ある。

有期労働契約は、契約期間の終期が到来すれば契約解消となり、事情によっては更新（新たな契約を締結）する場合がある、というのが本来の形である。そのため、「雇止め＝解雇」ではない。しかしながら、①契約更新が繰り返された結果として実質的に無期労働契約と同視し得る、あるいは②契約更新に対する労働者の合理的な期待が生じていると判断され得る状況の場合には、解雇権濫用法理（労契法16条）が類推適用されることとなる。これにより雇止めが客観的に合理的な理由を欠き社会通念上相当であると認められないときは、更新拒絶の効力が否定され、当該契約が更新されたものとして扱われることとなる（同法19条）[図表10-2]。

[2] 契約期間途中の解雇

有期労働契約の場合、契約期間途中での解約（解雇）は実務上ほぼ不可能と考えておくべきである。この点、労契法17条では、「やむを得ない事由」がなければ解雇できないとされている。ここでいう「やむを得ない事

図表 10-2 雇止めが認められない場合

①実質無期契約タイプ	②期待保護（反復更新）タイプ
過去に反復更新された有期労働契約で、その雇止めが無期労働契約の解雇と社会通念上同視できると認められる	労働者が有期労働契約の契約期間の満了時に、当該有期労働契約が更新されるものと期待する合理的な理由があると認められる

・労働者が契約期間満了日までに更新の申し込みをした
・労働者が契約期間満了後、遅滞なく有期労働契約の締結の申し込みをした

使用者がその申し込みを拒絶（雇止め）をすることが、「**客観的に合理的な理由を欠き、社会通念上相当であると認められないとき**」は、雇止めは認められない

従前と同一の労働条件で、有期労働契約が更新される

由」は、無期労働契約における解雇に必要とされる、客観的に合理的で、社会通念上相当と認められる事由（同法16条）よりも厳格に解すべきである[5]。有期労働契約は、本来、当該契約期間は雇用するという約束があるものであり、期間満了を待つことなく直ちに雇用を終了せざるを得ないような「特別の重大な事由」が必要となる。つまり、「特別の重大な事由」がない場合には、中途解約（解雇）が争いになった際、無効と判断され得る。

実務上のポイント

　期間が決まっているプロジェクトや臨時の必要がある場合には、契約期間の終期が到来すれば契約を解消することが客観的にも明白である。しかし、例えば「能力や適性を見極めたいから、とりあえず有期労働契約を結ぶ」といったような、"都合の良い形"で有期労働契約を利用しようとすると、トラブルにつながる可能性が高まる。そのため、「なぜ無期ではなく有期労働契約なのか」という点が明確に説明できることを前提として、有期労働契約を運用していくべきである。

67 高年齢者雇用

▶ 労働力不足が進む中、高年齢者雇用は多くの企業にとって重要度の高い
テーマになっている
▶ 70歳までの就業確保措置についても導入に努めていく必要があるなど、
2024年度をもって継続雇用制度における経過措置が終了することもあり、
2025年度は高年齢者雇用の方向性を改めて検討する好機となる

📖 基本解説

［1］65歳までの雇用確保措置

60〜65歳までの高年齢者については、以下のいずれかの措置を講じる
ことが事業主には義務づけられている（高年法9条）。

> ①定年制の廃止
>
> ②65歳までの定年の引き上げ
>
> ③希望者全員の65歳までの継続雇用制度の導入
>
> ・定年時にいったん雇用を終了させた上、改めて雇用契約を締結す
>   る「再雇用制度」
>
> ・定年時の雇用契約を終了させずそのまま延長する「勤務延長制度」

継続雇用制度の対象者を限定できる経過措置も2025年3月31日をもっ
て終了するため、2025年度以降、継続雇用制度は希望者全員を対象とす
る必要がある。しかし、心身の故障で業務に堪えない場合や勤務状況が著
しく不良な場合など、就業規則に定める解雇事由または退職事由に該当す
れば、継続雇用しないことも可能である[6]。

［2］70歳までの就業確保措置

2021年4月施行の改正高年法により、65〜70歳までの就業確保措置と

して、事業主には、以下のいずれかを講じる努力義務が課されている（同法10条の２）。

①70歳までの定年の引き上げ
②定年制の廃止
③70歳までの継続雇用制度の導入（特殊関係事業主に加えて、他の事業主によるものを含む）
④70歳まで継続的に業務委託契約を締結する制度の導入
⑤70歳まで継続的に以下の事業に従事できる制度の導入
　（ア）事業主が自ら実施する社会貢献事業
　（イ）事業主が委託、出資（資金提供）等する団体が行う社会貢献事業

［3］高年齢者の安全・健康管理等

　高年齢者は身体機能が低下することなどにより、若年者に比べ労働災害の発生率が高く、休業も長期化しやすいことが分かっている。そこで、厚生労働省では高年齢者が安心して安全に働ける職場環境づくりや高年齢者の健康づくりを推進するためにガイドライン[7]を策定しており、事業者は、次の①〜⑤までに示す事項への対応が求められている。

①安全衛生管理体制の確立等
②職場環境の改善
③高年齢者の健康や体力の状況の把握
④高年齢者の健康や体力の状況に応じた対応
⑤安全衛生教育

　現場の管理職が行う日常のマネジメントにおいては、高年齢者の体力の状況を客観的に把握し、体力に合った作業に従事させることが重要となる。具体的には、勤務形態や作業スピードの調整など高年齢者の特性を考慮した作業管理、健康や体力の状況に応じた適切な業務のマッチングを図

ることなどが挙げられる。会社としては、加齢に伴い労働災害リスクが増加することや健康問題が経営に及ぼすリスクについて、管理職に対する研修を行うことも有用であろう。

実務上のポイント

　65歳までの雇用確保措置の一つである継続雇用制度における経過措置が2024年度をもって終了することもあり、2025年度は高年齢者雇用の方向性を改めて検討する好機ではないだろうか。労働力不足が進む中、高年齢者雇用は多くの企業にとって重要度の高いテーマになっていると考えられ、高年齢者の戦力化と、それに見合った処遇の在り方が課題になる。

　モチベーションの維持・向上ということでは高年齢者に限った話ではないが、同一労働同一賃金の観点も踏まえた上での若手・中堅層も含めた全体的な賃金の設計や高年齢者層の人事評価についての検討など、早期の取り組みが求められる。また、管理職としては、自分よりも年齢が上の高年齢者への対応に戸惑うことも少なくないと思われる。高年齢者のマネジメントでは、まず具体的な役割や期待を示すことで、自己の存在意義を感じさせることが重要となる。信頼関係を築くために定期的な話し合いの場を設け、高年齢者の悩みや意見を聞くことで、疎外感を軽減し、モチベーションの維持を図るようにするほか、業務の遂行等に関してポジティブなフィードバックを行うことで自信を持たせ、改善点を丁寧に伝えることで、成長の機会を提供するといった視点も欠かせない。

　さらに、特定のプロジェクトのリーダーに任命するなど、高年齢者の強みや経験を活かした業務を割り当てることは、自己有用感を向上させることに寄与する。また、彼らが持つ知識や経験を共有する場を設けることで、役割意識を高めるといった配慮も必要だ。具体的には、定期的な勉強会やワークショップを開催し、彼らの知識を若手に伝承する機会をつくることなどが挙げられる。

68 障害者雇用

> ▶法律上義務づけられている障害者雇用率は、民間企業の場合、2024年4月から2.5％とされているが、2026年7月には2.7％に引き上げられる。これに伴い、障害者雇用義務の対象となる事業主の範囲も広がることとなる（従業員40人以上→37.5人以上）
> ▶やらされ感のある障害者雇用への取り組みではなく、多様な人材の受け入れを通して企業および労働者の成長を目指す視点が必要

基本解説

［1］障害者雇用率の設定基準

　従業員が一定数以上の規模の事業主には、従業員に占める身体障害者、知的障害者、精神障害者の割合を障害者雇用率（以下、雇用率）以上にする義務がある。

　一般事業主（民間企業）における雇用率の設定基準は、［図表10-3］のとおりである（障害者雇用促進法43条2項）。そして、具体的な雇用率は、②常用労働者数（失業者を含む）に対する①対象障害者である常用労働者数（失業者を含む）の割合の推移を勘案して、少なくとも5年ごとに政令（障害者雇用促進法施行令）で定められる。

［2］実際の雇用率

　2023年度の改定時には雇用率が2.7％へと引き上げられた（従前は2.3％）。ただし、雇入れに係る計画的な対応が可能となるよう、2023年度は2.3％で据え置き、2024年4月に2.5％へ、2026年7月に2.7％へと、段階的に引き上げることとなっている［図表10-4］。

　これに伴い、障害者雇用義務の対象となる事業主の範囲も広がることに注意が必要である。

図表 10-3 ▶ 民間企業における障害者雇用率の設定基準

$$障害者雇用率 = \frac{対象障害者である常用労働者の数 + 失業している対象障害者の数 \cdots ①}{常用労働者数 + 失業者数 \cdots ②}$$

※実雇用率の算定においては
・短時間労働者は、原則、1人を0.5人としてカウント。
・重度身体障害者、重度知的障害者は1人を2人としてカウント。短時間重度身体障害者、短時間重度知的障害者は1人としてカウント。

資料出所：厚生労働省「最新の障害者雇用対策について」を一部改変

図表 10-4 ▶ 障害者雇用率の段階的な引き上げ

	2023年度	2024年4月	2026年7月
民間企業の法定雇用率	2.3% ⇒	**2.5%** ⇒	2.7%
対象事業主の範囲（従業員数）	43.5人以上	**40.0人以上**	37.5人以上

※障害者を雇用しなければならない対象事業主には、以下の義務がある。
・毎年6月1日時点での障害者雇用状況のハローワークへの報告
・障害者の雇用の促進と継続を図るための「障害者雇用推進者」の選任（努力義務）

資料出所：厚生労働省「障害者の法定雇用率引上げと支援策の強化について」を一部改変

　一方で、精神障害者の職場定着を進める観点から、精神障害者（精神障害者保健福祉手帳の交付を受けた者）である短時間労働者（1週間の所定労働時間が20時間以上30時間未満）の実雇用率の算定に関して、0.5人カウントではなく1人カウントとする特例措置は、当分の間延長されている。また、2024年4月1日より、週所定労働時間が特に短い（10時間以上20時間未満）精神障害者、重度身体障害者、重度知的障害者を雇用した場合、実雇用率に算定できる特例的な取り扱い（1人につき0.5人カウント）が可能となっている［図表10-5］。

週所定労働時間		30時間以上	短時間労働者	特定短時間労働者
			20時間以上 30時間未満	10時間以上 20時間未満
身体障害者		1人	0.5人	－
	重度	2人	1人	0.5人
知的障害者		1人	0.5人	－
	重度	2人	1人	0.5人
精神障害者		1人	1人	0.5人

［注］ 当分の間の措置として、精神障害者である短時間労働者は、雇入れの日からの期間等にかかわらず、1人をもって1人とみなすこととしている。

資料出所：厚生労働省「最近の障害者雇用対策について」を一部改変

実務上のポイント

　障害のある部下とともに働く上では、理解と共感が非常に重要となる。障害のある部下が安全に安心して働ける環境を提供するためにも、現場の管理職は適切な対応を心掛ける必要がある。接し方に関しては、障害の特性を理解し、個々に応じた対応が求められる。特にコミュニケーションのズレを感じたときは、すぐに確認し、誤解を未然に解消しておくことで円滑に業務を遂行できるようにする。定期的に話し合いの機会を持ち、仕事の進捗を確認し、必要に応じてサポートすることも大切である。

　厚生労働省の合理的配慮指針[8]では、障害者が職場で働くに当たっての支障を改善するための措置を講じることを事業主に義務づけており、その内容を押さえておくことは必須といえよう。

　厚生労働省が2023年6月に実施した「令和5年度障害者雇用実態調査」の結果においては、「障害者雇用に当たっての課題・配慮事項」として次のとおり示されている。

　障害者を雇用する際の課題としては、身体障害者、知的障害者、精神障害者、発達障害者ともに、「会社内に適当な仕事があるか」が最も多くなっている（身体障害者では77.2％、知的障害者では79.2％、精神障害者では74.2％、発達障害者では76.9％）。

　また、雇用している障害者への配慮事項としては、身体障害者については、「休暇を取得しやすくする、勤務中の休暇を認める等休養への配慮」（40.2％）、知的障害者については、「能力が発揮できる仕事への配置」（51.1％）、精神障害者については、「短時間勤務等勤務時間の配慮」（54.3％）、発達障害者については、「休暇を取得しやすくする、勤務中の休憩を認める等休養への配慮」（61.2％）が最も多くなっている。

　「会社内に適当な仕事があるか」という点に関して、一定の制約がある中での就労ということでは、障害者の就労と育児・介護中あるいは疾病を抱えた労働者の就労とで共通する面があるとはいえ、先入観を持った障害者雇用への取り組みではなかなか前進しないとも思われる。やらされ感のある取り組みではなく、多様な人材の受け入れを通して企業および従業員の成長を目指していくことが必要であろう。

　働き方の面では、明確な指示を心掛けるようにし、障害の特性に応じた業務の割り振りを工夫することで、自信を持って業務に取り組めるようにする。また、周囲のメンバーにもサポートを依頼するなど組織としての配慮も求められる。さらに、障害のある部下に対する健康管理と勤務時間への配慮も重要で、個々の健康状態に合わせた対応が求められる。ただし、部下の障害の特性や健康状態を認識しておくことは業務管理の上で有益だが、それらの情報の管理は慎重に行わなくてはならず、個人のプライバシーを厳守しつつ、業務に必要な範囲で情報を共有するための適切な手続きがなされなければならない。

派遣社員

▶派遣先は、労働者派遣契約に基づき派遣社員を受け入れ、指揮命令を行う
▶派遣先も労務管理上の責任を負うため、対応を要する事項を正確に把握するとともに、確実に履行することが求められる

📖 基本解説

［1］労働者派遣とは

　労働者派遣では、派遣先は派遣元と労働者派遣契約（以下、派遣契約）を締結し、派遣先で雇用されている労働者（派遣社員）を受け入れる。そして、派遣社員の就労に対して指揮命令を行い、派遣元に派遣料を支払う［図表10-6］。派遣契約で定める内容は法定されており、これには「派遣労働者が従事する業務の内容」が含まれている（労働者派遣法26条1項1号）。そのため、あらかじめ契約された業務内容についてのみ指揮命令を行うことができる点には、注意が必要である。

［2］派遣先が負う労務管理上の責任

　労働者派遣は、派遣社員の雇用主ではない派遣先も含めた三者関係に基

図表 10-6 労働者派遣の概要

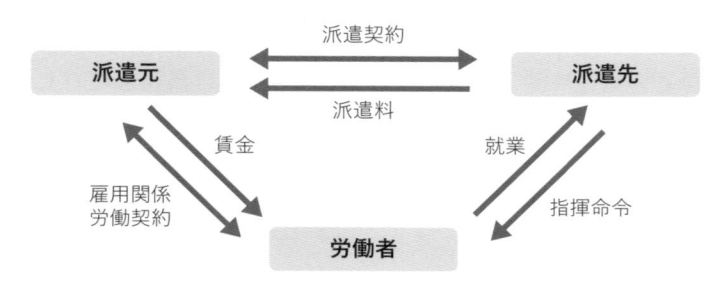

づくことから、派遣社員の労働時間管理や就労場所における安全衛生の確保などについて、派遣元と派遣先の責任分担を明確にし、それぞれが適正に管理することが重要となる。こうした派遣就業の特性を踏まえ、派遣先が使用者として責任を負ったほうがよい事項については、法律上の「特例適用」とされている［図表10-7］。派遣先としては、これらについて適切な労務管理が必要となる。

また、派遣社員にも同一労働同一賃金が適用される。派遣社員の就業場所は派遣先であり、待遇に関する派遣社員の納得感を得るためにも、派遣先の労働者（無期雇用フルタイム労働者）との均等（差別的な取り扱いをしない）、均衡（不合理な待遇差を禁止する）には注意しておきたい。

実務上のポイント

　現場で派遣社員を受け入れる際には、労働者派遣法に基づき、派遣先責任者や指揮命令者を明確にしておく必要がある。派遣社員に対して具体的な業務指示を行う指揮命令者の選任は、派遣先にとって非常に重要である。指揮命令者は、派遣契約の内容を把握することをはじめ、労働者派遣に関する法律の理解は必須であり、派遣社員の就業が円滑に進むようサポートする責任を負う。また、派遣社員の勤怠管理を適切に行い、始業・終業時刻や休憩時間、時間外労働など労働時間を管理することも派遣先の責務である。加えて、派遣社員に対するハラスメント防止対策を講じる必要もある。ハラスメントの兆候を早めに把握するためにも定期的な職場環境のチェックを行うなどして、問題が発生した際には迅速に対応できるようにしておくことが肝要である。

　労働者派遣法では、派遣社員が特定の職場で長期間にわたって働くことで生じる不利益を防ぎ、正社員としての雇用機会を確保するために、派遣社員が同じ事業所の同じ部署で原則として３年までしか働けないという「３年ルール」を定めている。派遣先は３年ルールに注意を払い、適切な職場配置を行う必要がある。

図表 10-7　労働者派遣に関する法令の特例適用

適用条項		派遣元	派遣先	備考
労基法	労働条件の明示（15条）	○		
	解雇制限（19条）、 解雇の予告（20条、21条）	○		
	労働時間（32〜33条）		○	変形労働時間制の定めは派遣元
	休憩（34条）		○	
	休日（35条）		○	
	時間外および休日の労働（36条）		○	36協定の締結・届け出は派遣元
	時間外、休日および深夜の割増賃金（37条）	○		
	年次有給休暇（39条）	○		
	深夜業（61条）		○	
	妊産婦等に係る危険有害業務の就業制限（64条の3）		○	
	産前産後（65条）	○		休業に関するもの
	産前産後（66条）		○	時間外・休日労働、深夜業に関するもの
	育児時間（67条）		○	
	生理日の就業が著しく困難な女性に対する措置（68条）		○	
	法令等の周知、義務（106条）	○	○	派遣先は就業規則を除く
	記録の保存（109条）	○	○	
安衛法	安全管理者（11条）		○	
	衛生管理者（12条）	○	○	
	安全衛生推進者等（12条の2）	○	○	
	産業医等（13条）	○	○	
	安全委員会（17条）		○	
	衛生委員会（18条）	○	○	
	事業者の講ずべき措置（20〜25条の2）		○	
	労働者の遵守すべき事項（26条）		○	
	中高年齢者についての配慮（62条）	○	○	
	健康診断（66条1項）	○		一般健康診断
	健康診断（66条2項、3項）		○	有害業務に関する健康診断
	健康診断の結果の記録（66条の3）	○	○	
	健康診断の結果についての医師等からの意見聴取（66条の4）	○	○	
	健康診断実施後の措置（66条の5）	○	○	
	快適職場の形成のための事業者の措置（71条の2）		○	

［注］　主な項目を一部抜粋した。

70 LGBTQ

▶セクシュアリティは非常に多様であり、LGBTQはセクシュアルマイノリティ（性的少数者）の総称の一つとして使われている
▶セクシュアリティは、それがいかなるものであっても変更することのできない基本的人格の一部といえる
▶職場にもLGBTQ当事者がいるという前提で労務管理を行う必要がある

📖 基本解説

[1] LGBTQとは

　生まれ持って割り当てられた生物学的な性別が自身の認識と一致しなかったり、恋愛対象が同性あるいは両方の性であったりするなど、人間の性の在り方（セクシュアリティ）は非常に多様である。そして、セクシュアリティは、それがいかなるものであっても変更することのできない基本的人格の一部といえる。

　「LGBT」は、レズビアン（Lesbian：女性同性愛者）、ゲイ（Gay：男性同性愛者）、バイセクシュアル（Bisexual：両性愛者）、トランスジェンダー（Transgender：法律上の性別と性自認とが一致していない者）の頭文字から取った言葉であり、セクシュアルマイノリティ（性的少数者）の総称の一つとして使われている。また、LGBTに「Q」を加え、「LGBTQ」とする場合もある。「Q」は、「クィア（Queer）」または「クエスチョニング（Questioning）」の頭文字であり、クィアは「規範的な性の在り方以外のセクシュアリティ」、クエスチョニングは「自らの性の在り方等について特定の枠に属さない人、わからない人。典型的な男性・女性ではないと感じる人」を表す[9]。電通グループの「LGBTQ+調査2023」によれば、LGBTQ+当事者層の割合は9.7％となっており、決して少ない数字で

はない。職場にもLGBTQ当事者がいるという前提で、労務管理を行う必要性が高まっている。

［2］ ハラスメントとの関係

厚生労働省のセクハラ指針[10]では、①職場におけるセクハラには同性に対するものも含まれており、②被害者の性的指向や性自認にかかわらず、指針の対象となると示されている。また、パワハラ指針[11]でも、性的指向および性自認に関するハラスメントについて、「労働者の性的指向・性自認や病歴、不妊治療等の機微な個人情報について、当該労働者の了解を得ずに他の労働者に暴露すること」が挙げられている。

［3］ 福利厚生制度の取り扱い

性的指向・性自認に関係した労働条件の取り扱いについては、2024年時点で法規制が存在していない。そのため、例えば同性のパートナーと同居している従業員から結婚休暇や家族手当支給の申請があった場合、これを認めるかどうかは基本的に会社での取り決め次第となる。あくまで法律上の婚姻関係・内縁関係のみを前提とした取り扱いも可能だが、セクシュアリティが基本的人格の一部であることを踏まえると、結婚休暇や家族手当の対象に同性パートナーの場合を含めることを検討してもよいだろう。

なお、LGBTQに関連する裁判例としては、経済産業省事件（最高裁三小　令5.7.11判決）がある。この事案では、経済産業省に勤務するトランスジェンダー女性（生物学上は男性）に対し、同省が庁舎内の女性用トイレの使用を制限していたことの当否等が争われた。最高裁は、トイレの使用制限は違法であり、許されないと判断している。なお、判決に当たっては、原告とトイレを共有する可能性のある他の女性職員に意見を聴取したり、問題が発生していないかを調査したりしたことがなかったなど、同省の対応の在り方が重視された。

実務上のポイント

前掲経済産業省事件における今崎幸彦裁判官の補足意見では、「この種

の問題に直面することとなった職場における施設の管理者、人事担当者等の採るべき姿勢であり、トランスジェンダーの人々の置かれた立場に十分に配慮し、真摯に調整を尽くすべき責務がある」とし、約5年にわたる経済産業省の"不作為"に着目していることが分かる。企業としてはLGBTQに関して、真剣に向き合うことが求められている。

2023年6月に施行されたLGBT理解促進法では、3条で「全ての国民が、その性的指向又はジェンダーアイデンティティにかかわらず、等しく基本的人権を享有するかけがえのない個人として尊重される」との基本理念を掲げている。事業主に対しては、6条で「その雇用する労働者の理解の増進に関し、普及啓発、就業環境の整備、相談の機会の確保等を行うことにより性的指向及びジェンダーアイデンティティの多様性に関する当該労働者の理解の増進に自ら努める」こととされている。

多様性が重視・尊重される社会にあって、企業はLGBTQに対する方針を明確にした上で規約やガイドラインを整備し、LGBTQに関する研修や啓発活動を通じて、従業員の理解を深める取り組みを定期的に実施することや、相談窓口を設けるなどの対応が求められる。全従業員にとって安心できる職場環境を整えることが、職場の雰囲気や従業員同士の関係性を良好にし、無用なトラブルを防ぐポイントになる。

また、部下からLGBTQであることをカミングアウトされた場合、現場の管理職としては、驚きや戸惑いを表に出さないようにし、偏見を持たずに部下の立場や考えに真摯に耳を傾け、傾聴の姿勢を示すことが重要である。そして、相手に安心感を与えるために「話してくれてありがとう」と感謝の言葉を伝えるという配慮も必要である。さらには、LGBTQに関する知識を得ておき、アップデートしておくことも大切である。

組織内で差別的な言動があった場合、現場の管理職は発言者の意図や認識を速やかに確認して改めさせる行動を取ることが重要で、毅然とした態度で臨むことが、安心できる職場環境の形成につながるといえる。

外国人労働者

▶外国人の雇入れに当たって、在留資格や在留期間などの必要事項は在留カード等で確認する
▶労働・社会保険も通常の要件に基づいて適用されるので、気づかずに違法な取り扱いとなっていたということが起きないよう、正確な知識を押さえておきたい

📖 基本解説

　労働力不足の問題や企業活動のグローバル化とも相まって、外国人労働者の重要性はますます高まっている。

［1］在留資格の概要

　外国人の場合、入管法で定められている在留資格の範囲内において、日本での就労活動が認められている［図表10-8］。そのため、外国人の雇入れに際しては、在留資格や在留期間などの必要事項を在留カードまたは旅券（パスポート）によって確認する必要がある。

　併せて、事業主には、雇入れまたは離職の際に当該労働者の氏名、在留資格、在留期間等を記載した外国人雇用状況をハローワークへ届け出る義務が課されている。

［2］労働法令の適用

　雇い入れた外国人が国内事業所で就労する場合には、日本における労働関係法令が適用され、事業主はこれらを遵守しなければならない。その上で、在留資格の範囲内で適正な労働条件や安全衛生、人事管理の運用の透明性・公正性の確保等を通じて、その有する能力を有効に発揮しつつ就労できる環境が確保されるよう適切な措置を講じることとされている[12]。したがって、例えば労働時間管理についても、労基法に基づき日本人従業員

図表 10-8 就労目的で在留が認められる外国人の在留資格

在留資格 （在留外国人数 上位10資格）	在留期間	該当例	2023年末 在留外国人数 （人）
教授	5年、3年、1年 または3カ月	大学教授等	7,226
宗教	5年、3年、1年 または3カ月	外国の宗教団体から派遣 される宣教師等	4,143
高度専門職1号・2 号	5年（1号）また は無期限（2号）	ポイント制による高度人 材	23,958
経営・管理	5年、3年、1年、 6カ月、4カ月ま たは3カ月	企業等の経営者・管理者	37,510
教育	5年、3年、1年 または3カ月	中学校・高等学校等の語 学教師等	14,157
技術・人文知識・ 国際業務	5年、3年、1年 または3カ月	機械工学等の技術者、通 訳、デザイナー、私企業 の語学教師、マーケティ ング業務従事者等	362,346
企業内転勤	5年、3年、1年 または3カ月	外国の事業所からの転勤 者	16,404
介護	5年、3年、1年 または3カ月	介護福祉士	9,328
技能	5年、3年、1年 または3カ月	外国料理の調理師、ス ポーツ指導者、航空機の 操縦者、貴金属等の加工 職人等	42,499
特定技能1号・2号	法務大臣が個々 に指定する期間 （1年を超えない 範囲）（1号）、3 年、1年または6 カ月（2号）	特定産業分野（12分野〔2 号 は 介 護 以 外 の 11 分 野〕）の各業務従事者	208,462

資料出所：出入国在留管理庁「在留資格一覧表」および「令和5年末現在における在留外国人数について」を
　　　　　基に一部改変

と同様に対応することとなる。

　ただし、留学生の対応には注意を要する。すなわち、留学生がアルバイトをするために「資格外活動許可」の申請をした場合、就労時間の上限は、原則として週28時間以内（夏休みなどの長期休業期間中は1日8時間〔週40時間〕以内）となる（資格外活動許可を受けていても、風俗営業または風俗関係営業に就くことは禁止）。なお、この就労時間数の制限については、①1週間のいずれの日から起算しても1週間で28時間以内であること、②複数社で就労している場合には全社を通算した就労時間が1週間で28時間以内であることが必要である点に注意が必要である。

実務上のポイント

　外国人雇用が進む中、気づかないうちに違法な取り扱いをしないよう、正確な知識を押さえておきたい。なお、国内で直接雇用した外国人が、当人の自国でリモートワークをするという就労形態もある。そうした場合も、国内企業との労働契約関係（国内企業による指揮命令）である以上は、日本の労働法令が適用される。

　外国人の部下を持つ日本人の上司は、部下の母国の文化の違いを理解し、異なる価値観や習慣を尊重する姿勢が求められる。仕事を進める上で、言語の問題は避けて通れないが、特に日本語が不得意な外国人の従業員には、英語などの共通言語を使うことが必要となる。指示を出す場合も曖昧な表現は避けて、具体的で明確な表現を心掛け、日本人独特の“空気を読む”ことを期待してはいけない。また、重要な点は何度も繰り返し伝えるということも大切である。なかでも“リスニング力”は重要である。相手の言葉をしっかりと聞き、背景にある相手の考えや価値観、感情を正確に理解しようとする姿勢が信頼関係の基となる。外国人の部下を適切にマネジメントするには、日本人の上司のスキルアップが欠かせない。明確な言葉を用いた表現力や、自己主張の強い部下に対して客観的に前向きなフィードバックを行うスキルを磨いておく必要がある。

72 治療と仕事の両立支援

▶疾病は誰しもが直面し得るものであり、従業員同士が協力し合ってサポートするという価値観の共有が、企業の持続的な成長にもつながる
▶企業として、治療と仕事の両立を支援するためのサポート体制の構築が重要である

📖 基本解説

［1］疾病による休業・治療と仕事の状況

厚生労働省の2013年調査[13]によれば、疾病を理由として1カ月以上連続して休業している従業員がいる企業の割合は、「メンタルヘルス」が38％、「がん」が21％、「脳血管疾患」が12％である。また、「2019年国民生活基礎調査」に基づく推計によれば、仕事を持ちながらがんで通院している者の数は、約45万人に上る。

［2］両立支援の重要性

疾病によって欠勤せざるを得ない場合、まずは年次有給休暇や企業独自の休暇の利用が考えられる。また、欠勤が一定期間に及ぶときには、私傷病休職制度の適用も考えられる（ Part 9 の 57 58 参照）。

問題は、そうした対応を経てもなお、従来どおりの勤務が難しい場合の取り扱いである。この点、法令との関係では、治療と仕事の両立支援が事業主に義務づけられているわけではない。とはいえ、企業にとって人材は貴重な経営資源であることから、治療を受けながら働く従業員のサポート体制を整備することは重要といえる。疾病は誰しもが直面し得るものであり、企業からの支援だけでなく、従業員同士が協力し合ってサポートしていくという価値観が共有できれば、企業の持続的な成長にもつながるだろう。

[3] 両立支援の進め方

　厚生労働省のガイドライン[14]では、両立支援を行う上でのポイントを[図表10-9] のとおり示している。

図表10-9　治療と仕事の両立支援を行う上でのポイント

両立支援を行うための環境整備（実施前の準備事項）
　①事業者による基本方針等の表明と労働者への周知
　②研修等による両立支援に関する意識啓発
　③相談窓口等の明確化
　④両立支援に関する制度・体制等の整備

両立支援の進め方
　①両立支援の検討に必要な情報の収集
　　・症状、治療の状況
　　・退院後または通院治療中の就業継続の可否に関する意見
　　・望ましい就業上の措置に関する意見（避けるべき作業、時間外労働の可否、出張の可否等）
　　・その他配慮が必要な事項に関する意見（通院時間の確保や休憩場所の確保等）
　②両立支援を必要とする労働者からの情報提供
　③治療の状況等に関する必要に応じた主治医からの情報収集
　④就業継続の可否、就業上の措置および治療に対する配慮に関する産業医等の意見聴取
　⑤休業措置、就業上の措置および治療に対する配慮の検討と実施

実務上のポイント

　疾病を抱える従業員が治療と仕事の両立を図っていく上では、本人以外にも、上司、同僚、人事担当者、産業医、保健師等の産業保健スタッフといった関係者が連携することで、より適切な支援が可能となる。当該従業員から支援を求める申し出があった場合には、スムーズに対応できるように、あらかじめ関係者の役割と対応手順を整理しておくとよいだろう。また、会社としても病気に対する正しい知識を啓発するなど、職場における配慮の在り方について情報提供することが望ましい。また、当該従業員に対して、業務内容の変更などの「就業上の措置」や定期的な休暇の取得などの「治療に対する配慮」を行う場合には、同僚にも負荷がかかることから、管理職としては配慮を実施するために必要な情報に限定した上で、負荷がかかる同僚に情報を開示して理解と協力を求めるとともに、過度な負担がかからないようにマネジメントしていくことが重要となる。なお、自部門だけで解決できない場合には、組織的な解決に向けて人事担当者や産業保健スタッフにも支援を仰ぐことが望ましい。当該従業員が安心して治療に専念できるようにするために、管理職は、当該従業員の体調を定期的に確認するなどのフォローや、訴えや体調等の変化で気になる点があれば、速やかに人事担当者に連絡するといった体制を整えておくことが求められる。

　かたや、以上のような体制の整備に向けた第一歩として、他の従業員との間の一定の公平感には配慮しつつ、個別対応（例えば一定の期限を設定して短時間勤務を認めるなど）を実施することも考えられる。重要なことは、"当事者と一緒に考えていく"という姿勢であり、それが周りの従業員の安心感にもつながるので、できることからの前向きな検討が望まれる。

73 女性社員

▶ 雇用平等に関して、労基法では性別を理由とする賃金差別を禁止しており、均等法では性別による差別的取り扱いを禁止するとともに、女性労働者の婚姻、妊娠・出産等を理由とする不利益取り扱いの禁止等を定めている

▶ 女性活躍推進法により、女性の活躍推進に向けた数値目標を盛り込んだ行動計画の策定・公表や、女性の職業選択に資する情報の公表が事業主に義務づけられている

基本解説

既に Part 5 の 29 30 31 で妊娠・出産・育児に関するルールについて触れているため、ここでは「雇用平等」の視点から、女性に関する法律上の決まりを見ていく。

労基法は「男女同一賃金の原則」を定めており、均等法は「性別を理由とする差別を禁止するとともに、働く女性の母性保護」について定めている。

［1］男女同一賃金の原則（労基法4条）

労基法は、「使用者は、労働者が女性であることを理由として、賃金について、男性と差別的取り扱いをしてはならない」とし、性別を理由とする賃金差別を禁止している。

［2］性別による差別の禁止（均等法5条、6条）

均等法は、以下の事項について、性別を理由とする差別を禁止している。

①募集・採用
②配置（業務の配分・権限の付与を含む）、昇進、降格、教育訓練

③住宅資金・生活資金の貸与、住宅の貸与など

④職種・雇用形態の変更

⑤退職勧奨、定年、解雇、労働契約の更新

［3］ 間接差別の禁止（均等法7条）

　理由が性別以外であっても、以下の①〜③の措置は、実質的に性別を理由とする差別となるおそれがあることから、業務遂行上や雇用管理上特に必要がない場合や合理的な理由がない場合には、間接差別として禁止される。

①募集・採用に当たって、身長、体重または体力を要件とすること

②労働者の募集・採用、昇進・職種変更に当たって、転居を伴う転勤に応じることができることを要件とすること

③昇進に当たり、転勤の経験があることを要件とすること

［4］ ポジティブ・アクション（均等法8条）

　現実問題として、固定的な男女の役割分担意識や過去からの経緯によって、営業職に女性がほとんど配置されていないといった性差が男女労働者の間に生じているケースは多い。このような性差の解消を目指して、男女の均等な機会や待遇の確保の支障となっている事情を改善するための措置（ポジティブ・アクション）は、例外として禁止されない。例えば、女性労働者が男性労働者と比較して相当程度少ない（女性比率が4割を下回っている）雇用管理区分等において、募集、採用、配置、昇進、教育訓練、職種や雇用形態の変更等に関して、女性労働者に有利な取り扱いをすることは違法ではないとされる。

［5］ 女性活躍推進法

　日本における男女の賃金差や女性管理職の比率などの改善は諸外国と比べても立ち遅れている状況にあり、女性活躍推進法では、女性の職業生活における活躍が一層重要となっていることに鑑み、国、地方公共団体、事

業主がそれぞれの立場で女性の職業生活における活躍の推進に取り組むこととされている。

　この法律に基づき、常時雇用する労働者が101人以上の事業主は、自社の女性の活躍に関する分析等を行い、女性の職業生活における活躍を進めるため、数値目標を定めた「一般事業主行動計画」を策定し、都道府県労働局への届け出を行うことや、自社の女性活躍に関する情報公表を行うこと等が義務づけられている。なお、常用労働者301人以上の事業主には、上記の情報公表の際に、直近の男女の賃金の差異の公表も義務づけられている。

　社会における女性活躍の状況は、企業の生産性にも影響し得るものである。女性活躍に向けた積極的な取り組みを公表することで人材獲得の競争力に資すると考えられることからも、取り組みへの一層の注力が求められる。

実務上のポイント

　女性に関して法的観点での雇用平等が求められることはもとより、働くことに対する本人の意向を確認しつつ適性を見極め、十分な説明を行った上で適切な配置等を行っていくことが、企業の活性化や競争力の向上にとっても必要だといえる。

　なお、厚生労働省は、次世代育成支援対策推進法に基づく「一般事業主行動計画」に盛り込むことが望ましい事項として「不妊治療を受ける労働者に配慮した措置の実施」を追加した[15]。具体的な措置としては、不妊治療のために利用することができる休暇制度（多目的休暇を含む）、半日単位・時間単位の年次有給休暇、所定外労働の制限、時差出勤、フレックスタイム制、短時間勤務、テレワーク等を講ずることなどが示されている。現時点では不妊治療に関しては法令等で定められていないが、厚生労働省では、休暇制度や柔軟な働き方の導入について検討し、会社内における不妊治療等に対する理解の促進に努めるようにとしている。

Part 10 参考資料

1 厚生労働省「テレワークの適切な導入及び実施の推進のためのガイドライン」（令3.3.25 基発0325第2・雇均発0325第3）

2 昭22.9.13 基発17、昭23.3.31 基発511、昭33.2.13 基発90、昭63.3.14 基発150、平11.3.31 基発168

3 「割増賃金の算定におけるいわゆる在宅勤務手当の取扱いについて」（令6.4.5 基発0405第6）

4 厚生労働省「副業・兼業の促進に関するガイドライン」（2018年1月策定、最終改定：2022年7月）

5 菅野和夫・山川隆一『労働法 第13版』[弘文堂] 831ページ

6 厚生労働省「高年齢者雇用確保措置の実施及び運用に関する指針」（平24.11.9 厚労告560、最終改正：令2.10.30 厚労告351）

7 厚生労働省「高年齢労働者の安全と健康確保のためのガイドライン」（令2.3.16 基安発0316第1）

8 厚生労働省「雇用の分野における障害者と障害者でない者との均等な機会若しくは待遇の確保又は障害者である労働者の有する能力の有効な発揮の支障となっている事情を改善するために事業主が講ずべき措置に関する指針」（平27.3.25 厚労告117）

9 神谷悠一、松岡宗嗣『LGBTとハラスメント』[集英社新書] 17ページ

10 厚生労働省「事業主が職場における性的な言動に起因する問題に関して雇用管理上講ずべき措置等についての指針」（平18.10.11 厚労告615、最終改正：令2.1.15 厚労告6）

11 厚生労働省「事業主が職場における優越的な関係を背景とした言動に起因する問題に関して雇用管理上講ずべき措置等についての指針」（令2.1.15 厚労告5）

12 厚生労働省「外国人労働者の雇用管理の改善等に関して事業主が適切に対処するための指針」（平19.8.3 厚労告276、最終改正：令元.9.19 厚労告120）

13 厚生労働省「治療と職業生活の両立等支援対策事業」（平成25年度厚生労働省委託事業）における企業を対象に実施したアンケート調査

14 厚生労働省「事業場における治療と仕事の両立支援のためのガイドライン（令和6年3月版）」

15 「次世代育成支援対策推進法に基づく『行動計画策定指針』の改正について」（令3.2.24 内閣府・国家公安委員会・文部科学省・厚生労働省・農林水産省・経済産業省・国土交通省・環境省告示1）

募集・採用、内定、試用期間

募集・採用の際の禁止事項と留意点

▶企業には原則として採用の自由があるが、一方で応募者を保護する観点から企業に対して法的に課されている義務もある

▶企業は、求職者の基本的人権を尊重するために公正な採用選考が求められるとともに、近時は就活ハラスメントなども問題としてクローズアップされており注意が必要

基本解説

［1］採用の自由

募集・採用を行う企業には、原則として採用の自由が認められており、どのような者を雇い入れるかを自由に決定できる。一方で、求職者が不利益を被らないよう、職安法や労基法等で一定の規制が設けられている。

［2］労働条件の明示

求職者が適切な判断の下で募集への申し込みができるよう、企業は労働者を募集するに当たり、求職者に対して労働条件を明示する必要がある。主な明示事項は以下のとおりである（職安法5条の3）。

①従事すべき業務の内容、変更の範囲

②労働契約の期間（有期労働契約を更新する場合の基準）

③試用期間（有無、期間）

④就業場所、変更の範囲

⑤始業・終業時刻、所定労働時間を超える労働の有無、休憩時間、休日（裁量労働制を採用している場合のみなし労働時間含む）

⑥賃金の額（いわゆる「固定残業代」を採用している場合、固定残業代と基本給・手当の額は分けて明記）

⑦健康保険、厚生年金、労災保険、雇用保険の適用

⑧労働者を雇用しようとする者の氏名・名称

⑨派遣労働者として雇用する場合はその旨

⑩就業場所における受動喫煙を防止するための措置

［3］ リファラル採用に対する報酬の支払い

　リファラル採用とは、自社の従業員に友人や知り合いを紹介（referral）してもらうことを通じて人材を採用する手法である。リファラル採用が成功した場合には、採用後の在籍期間など一定の要件を満たした場合に報酬を支払うことが一般的だが、募集活動に協力する自社の従業員に対して、賃金、給料その他これらに準ずるもの以外の報酬を与えることは禁じられているため（職安法40条）、報酬を支払う場合には、リファラル採用成功に伴う報酬として規程に定めた上で賃金として支給しなければならない。

［4］ 差別的取り扱いの禁止

（1）性別

　「事業主は、労働者の募集及び採用について、その性別にかかわりなく均等な機会を与えなければならない」（均等法5条）とした上で、指針[1]では、「募集及び採用に関し、一の雇用管理区分において、例えば、次に掲げる措置を講ずることは、法第5条により禁止される」としている。

　イ　募集または採用に当たって、その対象から男女のいずれかを排除すること。

　ロ　募集または採用に当たっての条件を男女で異なるものとすること。

　ハ　採用選考において、能力および資質の有無等を判断する場合に、その方法や基準について男女で異なる取り扱いをすること。

　ニ　募集または採用に当たって男女のいずれかを優先すること。

　ホ　求人の内容の説明等募集または採用に係る情報の提供について、男女で異なる取り扱いをすること。

（2）年齢

　従業員の募集・採用の際には、原則として年齢を不問としなければならない。例外的に年齢制限を行う場合は、以下のような例外事由に該当する必要がある（労働施策総合推進法施行規則1条の3第1項）。なお、求人票（募集要項等）では年齢不問としながら、年齢を理由に応募を断ったり、書類選考や面接で年齢を理由に採否を決定したりする行為は禁じられている。

【例外事由】
▶ 定年年齢を上限として、その上限年齢未満の労働者を期間の定めのない労働契約の対象として募集・採用する場合
▶ 労基法その他の法令の規定により年齢制限が設けられている場合
▶ 長期勤続によるキャリア形成を図る観点から、若年者等を期間の定めのない労働契約の対象として募集・採用する場合
▶ 技能・ノウハウの継承の観点から、特定の職種において労働者数が相当程度少ない特定の年齢層に限定し、期間の定めのない労働契約の対象として募集・採用する場合
▶ 芸術・芸能の分野における表現の真実性などの要請がある場合
▶ 60歳以上の高年齢者、就職氷河期世代（1968年4月2日から1988年4月1日までに生まれた者）または特定の年齢層の雇用を促進する施策（国の施策を活用しようとする場合に限る）の対象となる者に限定して募集・採用する場合

（3）障害者

　事業主は、労働者の募集・採用において障害者に対して障害者でない者と均等な機会を与えなければならないとされている（障害者雇用促進法34条）。また、事業主は、賃金、配置、昇進、教育訓練、福利厚生などについて、障害者であることを理由として差別的な取り扱いをすることが禁止されている（同法35条）。

［5］公正な採用選考

　企業が採用選考を行う際には、"公正"であることが求められる。この点、厚生労働省は「公正な採用選考の基本」として、①応募者の基本的人権を尊重すること、②応募者の適性・能力に基づいた基準により行うことが大切だとしている。その上で、採用選考時に配慮すべき事項として、［図表11-1］のとおり例示している。

🏢 実務上のポイント

　現場の管理職として、採用に関わることや実際に面接を行うこともあるだろう。近時はセクシュアルハラスメント等の就活時に発生するハラスメント（就活ハラスメント）も問題になっている。採用活動に当たっては、公正な採用選考について理解を深めるとともに、面接時の態度や言動には十分に気を配ることが重要である。

図表 11-1 ▶ 採用選考時に配慮すべき事項の例

本人に責任のない事項の把握
- ▶ 本籍・出生地に関すること
- ▶ 家族に関すること（職業、続柄、健康、病歴、地位、学歴、収入、資産など）
- ▶ 住宅状況に関すること（間取り、部屋数、住宅の種類、近隣の施設など）
- ▶ 生活環境・家庭環境などに関すること

本来自由であるべき事項の把握
- ▶ 宗教・支持政党に関すること
- ▶ 人生観・生活信条・尊敬する人物・思想に関すること
- ▶ 労働組合の加入状況や活動歴、学生運動などの社会運動に関すること
- ▶ 購読新聞・雑誌・愛読書などに関すること

採用選考の方法
- ▶ 身元調査などの実施
- ▶ 本人の適性・能力に関係ない事項を含んだ応募書類の使用
- ▶ 合理的・客観的に必要性が認められない採用選考時の健康診断の実施

75 採用内定

▶新卒採用の場合、採用内定に伴って「始期付解約権留保付労働契約」が成立し、採用内々定の時点では労働契約が成立していないと考えられる
▶内定を取り消す場合には、解雇権濫用法理の規制が及ぶため、これを有効に行うことは解雇と同様に容易ではない

📖 基本解説

［1］ 新卒採用における労働契約の成立

　日本企業の採用活動では、いわゆる「新卒一括採用」として、新規学卒者を対象に、在学中に採用の内定を出し、卒業後に入社させる流れが一般的である。採用内定の前段階として採用内々定を設定している場合が多く、採用内定後に通知する書面や提出を求める書類など、採用内定から入社に至るまでの間の運用については、企業によってさまざまな態様が見られる。

　一般的な新卒採用では、採用内定通知を出した段階で労働契約が成立すると考えられている（大日本印刷事件　最高裁二小　昭54.7.20判決）。ただし、実際の就労の始期が卒業後の入社時であり、その間に会社が内定を取り消す（労働契約を解約する）ことがあり得るため、「始期付解約権留保付労働契約」と呼ばれている［図表11-2］。

　一方で、採用内々定の段階では、その後に正式な採用内定通知が別途予定されていることからも、労働契約は成立していないと考えられる。

［2］ 内定取り消しの可否

　採用内定によって労働契約が成立することから、「内定」であっても、それを取り消す場合には解雇権濫用法理（労契法16条）の規制が及ぶ。そのため、解雇と同様に、内定取り消しを有効に行うことは容易でなく、例えば「卒業予定の学校を卒業できなかった場合」「傷病により就労が困

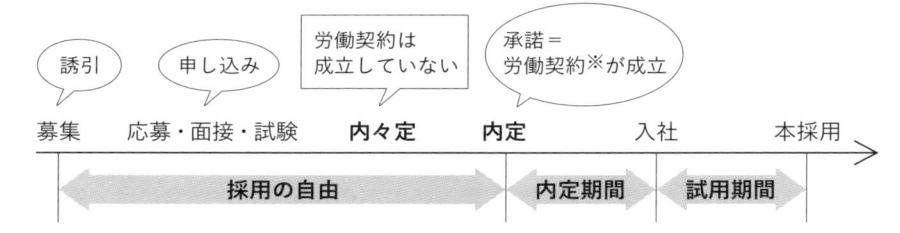

図表 11-2 新卒採用における労働契約の成立のプロセス

※労働契約が成立したといっても、すぐに働き始めるわけではなく、通常の新卒採用の場合は大学等の卒業を条件に、4月1日から働き始める契約になっている。入社日を迎えるまでは互いに労働力提供義務、賃金支払い義務が生じないという意味において「始期付き」であり、学生が予定どおり卒業できないような場合には解約可能という意味で「解約権留保付き」と解釈されており、「始期付解約権留保付労働契約」と捉える考え方が定着している。

難な場合」「業績不振により採用が困難となった場合」などに限られる。

実務上のポイント

　内定取り消しは非常に限定的な範囲でのみ可能であり、採用内定通知の段階で「内定取り消し事由」を明らかにしておくことが必要となる。内定取り消し事由は、採用内定通知書だけでなく、内定者から提出してもらう入社誓約書などにも記載しておくべきだろう。中途採用の場合も、万が一の事態に備え、新卒採用の場合と同様に対応したほうがよい。

　一方、内定期間中に内定者が辞退を申し出ることがあるが、法的には「退職の自由」とされる。そのため、道義的にはともかく、法的には特に制約はなく、内定の辞退を企業は拒否できない。内々定者の採用辞退についても同様に解される。なお、内定期間中に内定者にレポートの提出や研修への参加、資格取得のための勉強を求める企業もあるが、本来、学生は学業に専念すべき立場にあるため、内定者が自由意思で同意した場合に限り、業務命令に応じて研修等に参加する義務が生じるとした判決がある。また、研修に参加したり、アルバイトなどの形で働いたりして業務命令に従った場合は、労務提供の対価として賃金を支払う必要がある。

76 試用期間

▶試用期間は、労働者の人物・能力・適性等を評価し、本採用を行うか否かを判断するための期間である
▶試用期間中に能力不足や協調性不足、勤怠不良が発覚した場合には、解雇や本採用拒否を検討することもあるが、試用期間中とはいえ、それらが容易に行えるわけではない

基本解説

［1］試用期間とは

　試用期間は、採用した労働者の人物・能力・適性等を評価し、本採用を行うか否かを判断するために設定する期間である。試用期間の長さについて法的な制限はないが、「3カ月」程度が標準的で、長い場合は「6カ月」とするケースも見られる。なお、本採用可否の判断が困難であるとの合理的な理由がある場合には、就業規則の規定に基づき試用期間を延長することも可能である。

［2］解雇のハードル

　たとえ試用期間中であっても、解雇（期間途中での解雇や期間満了に伴う本採用拒否）は容易ではない。能力不足や協調性不足、勤怠不良を理由として解雇する場合には、注意・指導や配置転換等、会社として解雇回避努力を尽くすことが非常に重要となる。一方で、試用期間という限られた時間の中で本採用可否を判断することを踏まえれば、通常の解雇ほどの解雇回避努力は要求されないともいえるが、解雇権濫用法理の規制が及ぶことからも解雇のハードルは高い。実務対応としては、何らかの事情で本採用が難しいと判断する場合に、退職勧奨による合意退職を目指すことも、選択肢の一つとして検討する余地があるだろう。

実務上のポイント

　試用期間中に部下の能力不足が判明した場合、管理職は具体的な状況を確認し、組織が求める能力水準を示して注意を促す必要がある。指導に際しては、感情的にならずに客観的かつ具体的なフィードバックを心掛けることが重要である。また、業務報告書を定期的に提出させ、本人の能力や行動の変化を追跡することで、改善を促す過程を明確にする。報告書には改善すべきポイントや達成目標、評価基準を記載し、進捗確認を行う。さらに、定期的な面談を通じて本人の状況を確認し、必要な指導を行うことで業務改善の方向性を示す。能力不足を克服するためには、適切な教育機会の提供も重要であり、職場内のトレーニングや外部セミナーを通じて新たなスキル習得や知識深化を目指す。このような取り組みは、能力不足の克服だけでなく、本人のキャリア理解やモチベーション向上にも寄与する。

　もし能力不足が改善されない場合、業務内容の見直しや部署異動などの配置転換を検討する。配置転換を実施する際には、事前に本人の強みと弱みを分析し、最適な配置先を決定することが求められる。多様なアプローチを試みてもなお改善が見られない場合は、最終手段として退職勧奨や解雇を考慮することにもなり得るが、その判断には慎重を要する。退職勧奨や解雇に至る過程では、上司による指導記録を詳細に残すことが重要である。

Part 11　参考資料

1　厚生労働省「労働者に対する性別を理由とする差別の禁止等に関する規定に定める事項に関し、事業主が適切に対処するための指針」（平18.10.11　厚労告614、最終改正：平27.11.30　厚労告458）

情報管理

個人情報の考え方と留意点

▶従業員から取得する個人情報については、労務管理の観点ではとりわけ健康情報の取り扱いに留意しなければならない

▶健康情報が要配慮個人情報に該当する場合、当該情報の取得に当たっては本人の同意が必要となる。従業員の個人情報を社内で取り扱う上では、当該情報の「利用目的」に照らして共有可能範囲を判断することとなる

基本解説

[1] 個人情報とは

　個人情報保護法では、個人情報を、①生存する「個人に関する情報」であって、②特定の個人を識別することができるもの（他の情報と容易に照合することができ、それにより特定の個人を識別することができることとなるものを含む）、または③個人識別符号（❶指紋や虹彩等の身体的特徴に関する符号、❷パスポート番号、基礎年金番号、マイナンバー等の個人に割り当てられる符号）が含まれるもの、とされている（2条1項1号、2号）。

[2] 個人情報の例

　個人情報保護は極めて重要であり、労務管理を行う上で、その取り扱いには十分留意しなければならない。[図表12-1] では、労務管理で取り扱うことのある個人情報を例示している。従業員の住所や生年月日といった個人を識別する情報に限らず、健康・医療、人事・報酬、プライベートに関する情報など、個人情報は多岐にわたる。

[3] 要配慮個人情報

　「要配慮個人情報」とは、取り扱い方によって本人に不当な差別、偏見、その他の不利益が生じないよう特に配慮を要する個人情報をいう。具体的

図表 12-1 労務管理において取り扱いに注意が必要な個人情報の例

個人の基本事項に関する情報
- ▶ 氏名、住所、電話番号、メールアドレス、緊急連絡先
- ▶ 人種、社会的身分

健康・医療に関する情報
- ▶ 健康診断の結果
- ▶ 病歴、傷病休暇の取得歴、心身の障害

人事・報酬に関する情報
- ▶ 職務経歴、人事評価、異動・昇降格
- ▶ 給与・報酬
- ▶ 懲戒処分歴

プライベートに関する情報
- ▶ 家族構成、妊娠・出産、介護
- ▶ 性的指向
- ▶ 犯罪歴、犯罪により害を被った事実

には、人種、信条、社会的身分、病歴、犯罪の経歴、犯罪により害を被った事実、障害、健康診断等の結果、診療や調剤等が行われたことなどの情報が該当する。労務管理の観点ではとりわけ健康情報の取り扱いに留意しなければならない。厚生労働省では、雇用管理分野において取り扱われている健康診断の結果や病歴等の健康情報の取り扱いに関して留意事項[1]を発出している。

　健康情報のうち「要配慮個人情報」に該当するものとしては［図表12-2］のとおりであり、個人情報保護法で限定列挙されている（同法2条3項および同法施行令2条1～3号）。要配慮個人情報に該当する場合、当該情報の取得をするに当たっては、法令に基づく場合など一部の例外ケースを除いて本人の同意が必要となる（同法20条2項）。例外扱いとなる「法令に基づく場合」としては、例えば安衛法に基づいて労働者の健康診断の結果を取得する場合が挙げられる。この点、事業者が実施する健康診断では、健康増進等の目的で法定外の項目（がん検診等）に関する検査

図表 12-2 要配慮個人情報に該当する健康情報

- ▶ 病歴
- ▶ 個人情報保護委員会規則で定める心身の機能の障害があること
- ▶ 医師その他医療に関連する職務に従事する者（以下、医師等）により行われた疾病の予防および早期発見のための健康診断その他の検査（以下、健康診断等）の結果
- ▶ 健康診断等の結果に基づき、または疾病、負傷その他の心身の変化を理由として、本人に対して医師等により心身の状態の改善のための指導または診療もしくは調剤が行われたこと

が行われる場合もあるが、法定外項目に関する情報を収集する場合は、「人の生命、身体または財産の保護のために必要がある場合であって、本人の同意を得ることが困難であるとき」などの個人情報保護法に定められた例外を除き、利用目的や取り扱い方法を明示した上で、適切な方法により労働者本人の同意を得る必要がある。

実務上のポイント

　従業員の個人情報を社内で取り扱う上では、当該情報をどのような目的で利用するかといった「利用目的」に照らして共有可能範囲を判断するべきであり、部下に関する個人情報を上司が当然に知ることはできない。情報の取得に当たって本人の同意を必要としない健康診断の結果であったとしても、就業上の措置を検討するためなど、その目的に必要な範囲のみ上司が把握すべきものといえる。

　また、管理職は、個人情報保護法や安全配慮義務にのっとり、部下の個人情報を守らなければならない責務がある。特に、健康情報やメンタルヘルスに関する情報は、適切かつ慎重に取り扱うことが求められる。情報を取得する際には、必ず部下の同意を得ることが必要であり、その用途についても明確にしておくことが求められる。

78 部下の私的領域への関与

▶プライバシーや個人情報の保護は、労働者の人権に関わるものであり、人権の保障は労働関係においても非常に重要となる
▶程度や状況にもよるが、とりわけ上司と部下という関係性の中で、むやみに私的なことに立ち入るのは慎むべき

基本解説

［1］プライバシーや個人情報の保護に関する動向

近年の急速な情報化の進展により、プライバシーや個人情報の保護に対する社会的な要請が強まっている。これらは人権に関わるものであり、人権の保障は労働関係においても非常に重要となる。

特に、労働者の生命や身体、健康、自由、名誉、プライバシー等の人格的利益を侵害する行為に対しては、保護を図ろうとする動きが広がっている[2]。パワハラ、セクハラをはじめとするハラスメントについても、労働者の人格権の保護と関連する問題の一つである（ Part 8 の 46 ～ 52 参照）。

［2］プライバシーの意味

プライバシーとは、「他人からみだりに私的領域への干渉を受けない権利」である。「みだりに」とあるように、プライバシーは“一切触れてはならないもの”ではなく、その程度や状況を踏まえて考える必要がある。

まず、使用者は業務を遂行する上で、労働者の人格的利益を損なわないように配慮する義務を負う。そして、労働者のプライバシーに関わる行為の是非については、「会社側の業務上の必要性」と「労働者側の不利益の大きさ」とを比較衡量して判断される。仮に、労働者の不利益のほうが大きい場合には、社会的に相当ではない行為（違法性のある行為）と判断されるリスクがある。

［3］部下のプライベートへの関与

プライバシーに関わる行為の一つとして、部下の私的領域（プライベート）への関与が挙げられる。

ここで参考となるのが、パワハラの6類型（ Part 8 の［図表8-5］参照）における「個の侵害」（私的なことに過度に立ち入ること）である。厚生労働省のパワハラ防止指針[3]では、「個の侵害」に該当する例として、以下が示されている。

> ①労働者を職場外でも継続的に監視したり、私物の写真撮影をしたりすること
> ②労働者の性的指向・性自認や病歴、不妊治療等の機微な個人情報について、当該労働者の了解を得ずに他の労働者に暴露すること

これ以外にも、例えば「業務上の必要性もなく私用や私的な内容を聞き出そうとする」「異性との交際や結婚等のプライベートな事柄について執拗に触れる」行為などが問題となり得る。

［4］服装・容姿や所持品検査に関する裁判例

職場内での服装や容姿等に関しても、過度な干渉は慎むべきである。実際にトラブルとなったケースとして、以下の裁判例が参考となる[4]。

> ■S社（性同一性障害者解雇）事件　東京地裁　平14.6.20決定
> ・性同一性障害の労働者（生物学的には男性）に対して、女性の容姿をして就労することを禁止する服務命令を発し、これに従わなかったことを理由に懲戒解雇した事案
> ➡企業秩序または業務遂行に著しい支障を来すとは認められないことから、無効と判断された
> ■大阪市交通局事件　大阪地裁　平31.1.16判決
> ・再三の指導にもかかわらず、ひげをそらなかったことを理由に、人事考課で減点した事案

➡裁量権を逸脱・濫用するものであり、違法と判断された

■**西日本鉄道事件　最高裁二小　昭43.8.2判決**

・所持品検査に当たり、靴を脱いでの検査を拒否したことを理由に懲戒解雇した事案

➡検査の方法や程度が妥当を欠いたとは認められず、懲戒解雇が有効と判断された

　なお、西日本鉄道事件では所持品検査が有効と判断されているが、その理由と方法によっては、労働者のプライバシーを侵害する不法行為となり得る。最高裁は、所持品検査の実施には就業規則等の根拠が必要であり、合理的な理由に基づき、一般的に妥当な方法と程度で、画一的に実施しなければならないと判示している。

実務上のポイント

　とりわけ上司と部下という関係性の中では、むやみに私的な領域に立ち入るのは厳に慎むべきである。業務時間中は当然のこと、休憩時間中であっても、業務の延長上と捉え、十分に気をつけるべきだろう。職場が人と人との関係の中で成り立っていることを考えると、"公私を完全に切り分けるべき"とまではいえないが、興味本位で過度に深入りすることは避けなければならない。「上司だから」「部下だから」といった都合の良い視点ではなく、相手に対する敬意を持って接することが大切である。

79 従業員のソーシャルメディア利用をめぐる問題

▶ SNSにまつわるトラブルは後を絶たない状況であり、従業員のソーシャル
　メディア利用が原因となって企業に与えるリスクへの備えが必要となる
▶ 従業員に悪意がないからといって不問となるものではなく、双方が不幸な
　結果に至らないよう、企業として対策を講じることが求められる

📖 基本解説

［1］ ソーシャルメディアリスクと企業の対策

　ICT（情報通信技術）の急速な進化に代表されるスマートフォン、タブ
レット端末、ソーシャルメディア（ブログ、SNS、動画共有サイト、メッ
セージングアプリなど）、クラウドサービス等の普及は、人々のライフス
タイル・ワークスタイルの幅広い場面に変化をもたらしている。特にソー
シャルメディアを通じた情報発信は、誰もが手軽にできるようになった一
方で、トラブルが後を絶たない。

　従業員がソーシャルメディアに投稿した不適切な発言や個人的見解が炎
上すると、企業はブランドイメージの毀損や信頼の喪失をはじめ、最悪の
場合、売り上げの減少や既存顧客の離反、新規顧客の獲得の機会損失と
いった損害を被るケースもあり、こうしたリスクへの備えが必要となる。
企業が取り得る対策としては、次の①〜⑤が考えられる。

①誓約書による投稿・発信内容の制限

②ガイドラインの策定による投稿・発信内容の制限

③就業規則上の服務規律としての規定

④業務上で使用しているパソコンのモニタリング

⑤教育・研修の実施

［2］誓約書の提出とガイドライン・服務規律

　①誓約書による投稿・発信内容の制限としては、例えば入社時に、「会社に関する公知ではない情報（従業員に関するものを含む）について、SNSを通じた投稿・発信をしないこと」を記した誓約書を提出させることが挙げられる。

　併せて、②SNSの利用に関するガイドライン等を策定し、情報漏洩や会社の名誉・信用を損ねるような投稿・発信をしないことなどを定めるとよい。なお、ガイドラインを策定していない場合は、③就業規則上の服務規律として規定することが最低限必要な対応といえる。

［3］継続的な教育・研修

　ソーシャルメディアリスク対策に限ったことではないが、④業務上で使用しているパソコンについて適正利用の観点からモニタリングを行うことも考えられる。モニタリングの実施にはプライバシー保護の問題も絡むため、モニタリングを適法に行うには、少なくともこれを許容する就業規則その他明示の根拠に基づく規定を要するほか、それを必要とする合理的理由に基づいて、一般的に妥当な方法と程度で、制度として職場従業員に対して画一的に実施されるものである必要がある（日立物流事件　浦和地裁平3.11.22判決）。

　企業としては、ソーシャルメディアリスクに対する危機感を持ってもらうためにも、従業員にSNSリテラシーや個人情報の取り扱いについて正しい知識を提供し、不適切な投稿や個人的見解の公表を避けるよう、入社時およびその後も継続的な形で教育・研修を実施する体制を構築することが望ましい。

SNS等での投稿・発信が会社の名誉・信用を損ねる例（いわゆる炎上を含む）は、大きく「情報漏洩」と「不適切な言動」に分けられる。投稿した本人には"悪いことをしている"という自覚がないケースも少なくないが、悪意がないからといって不問となるものではない。場合によっては、懲戒処分だけでなく損害賠償請求や刑事罰の対象にもなり得るものであり、従業員と企業の双方にとって良いことは何一つない。そのような不幸な結果に至らないよう、企業として可能な限り対策を講じていく必要がある。SNSでの投稿・発信が原因で炎上することは、企業の社会的信用を著しく損なうことになるため、管理職としては、日頃から部下に対して情報漏洩や不適切な投稿をしないように注意喚起をし、法令遵守だけでなく社会通念に基づいた客観的な判断力を喚起するための指導を行うなど、自分の行動が企業全体に与える影響を意識させるようにすることが求められる。

公益通報制度

▶公益通報者保護法では、公益通報者に対する不利益な取り扱いを禁止する
ことなどにより、その保護を図っている
▶労働者が通報窓口等を躊躇なく利用できるようにするためには、トップの
コミットメントが不可欠であり、コンプライアンス意識の維持・向上のた
めの取り組みが必要である

📖 基本解説

［1］公益通報とは

　公益通報者保護法では「公益通報」を、労働者等（退職後1年以内の退
職者および役員を含む）が、不正の目的でなく、事業者等について通報対
象事実が生じ、またはまさに生じようとしている旨を、通報先に通報する
ことと定めている（2条）。

　公益通報は、組織の違法行為を明るみに出すことによって、その是正を
促し、消費者や社会に利益をもたらすことが期待できる一方で、公益通報
者が事業者から解雇等の不利益な取り扱いを受けるおそれがある。そのた
め同法では、公益通報者に対する不利益な取り扱いを禁止することなどに
より、その保護を図っている。公益通報の例としては、粉飾決算や製造工
程における法令違反、残業代の未払いといった組織的な不正のほか、ハラ
スメントやいじめなど、特定個人の行為がある。

［2］事業者の義務

　通報先としては、①事業者内部（事業者があらかじめ定めた者も含む）、
②通報対象事実について処分または勧告等をする権限を有する行政機関、
③報道機関等その他の事業者外部——がある。

　公益通報保護法では、事業者に対して、❶公益通報を受け、通報対象事

実の調査をし、その是正に必要な措置を取る業務に従事する者を定めること、❷公益通報に応じ適切に対応するために必要な体制の整備や、その他の必要な措置を取らなければならないことを義務づけている（11条１項、２項。なお、2024年時点で、中小事業者〔常時使用する労働者の数が300人以下〕は努力義務となっている）。この❷の措置の具体的な内容は内閣府の指針[5]に定められている［図表12-3］。

実務上のポイント

　公益通報に関する課題の一つとして、企業の内部通報体制が十分に機能していないことが挙げられる。多くの企業で、内部通報窓口やハラスメント相談窓口が設置されているが、従業員がこれら窓口を躊躇なく利用できるようにするためには、トップのコミットメントが欠かせない。その上で、コンプライアンス意識の維持・向上のために、地道な取り組みを続けていく必要がある。

図表 12-3　事業者が取るべき措置の概要

1　事業者は、部門横断的な公益通報対応業務を行う体制の整備として、次の措置を取らなければならない。
　(1)　内部公益通報受付窓口の設置等
　(2)　組織の長その他幹部からの独立性の確保に関する措置
　(3)　公益通報対応業務の実施に関する措置
　(4)　公益通報対応業務における利益相反の排除に関する措置
2　事業者は、公益通報者を保護する体制の整備として、次の措置を取らなければならない。
　(1)　不利益な取り扱いの防止に関する措置
　(2)　範囲外共有等の防止に関する措置
3　事業者は、内部公益通報対応体制を実効的に機能させるための措置として、次の措置を取らなければならない。
　(1)　労働者等および役員ならびに退職者に対する教育・周知に関する措置
　(2)　是正措置等の通知に関する措置
　(3)　記録の保管、見直し・改善、運用実績の労働者等および役員への開示に関する措置
　(4)　内部規程の策定および運用に関する措置

Part 12　参考資料

1　「雇用管理分野における個人情報のうち健康情報を取り扱うに当たっての留意事項」
　　（平29.5.29　個情749、基発0529第3、最終改正：令5.10.27　基発1027第5）

2　水町勇一郎『詳解労働法 第3版』[東京大学出版会] 290ページ

3　厚生労働省「事業主が職場における優越的な関係を背景とした言動に起因する問
　　題に関して雇用管理上講ずべき措置等についての指針」（令2.1.15　厚労告5）

4　水町勇一郎『詳解労働法 第3版』[東京大学出版会] 304〜305ページ

5　内閣府「公益通報者保護法第11条第1項及び第2項の規定に基づき事業者がとる
　　べき措置に関して、その適切かつ有効な実施を図るために必要な指針」（令
　　3.8.20　内閣府告示118）

著者紹介

深田 俊彦 （ふかだ としひこ）

社会保険労務士法人大野事務所　パートナー社員
特定社会保険労務士

2000年慶應義塾大学法学部法律学科卒業。約4年間の社会保険労務士事務所勤務を経て、2006年社会保険労務士法人大野事務所入所。人事労務に関する相談業務、IPO支援を中心とした労務診断（労務デューデリジェンス）業務に主として従事。著書に『厚生労働省「業務取扱要領」を踏まえた離職票作成ハンドブック』(共著、日本法令)、『第2版 適正労働時間管理』(共著、労務行政)。

カバーデザイン・印刷・製本／株式会社 ローヤル企画

**知っておきたい
管理職のための労務管理**

2025年3月15日　初版発行

著　者　深田 俊彦
発行所　株式会社 **労務行政**
　　　　〒141-0031　東京都品川区西五反田3-6-21
　　　　　　　　　　住友不動産西五反田ビル3階
　　　　ＴＥＬ：03-3491-1231　ＦＡＸ：03-3491-1299
　　　　https://www.rosei.jp/

ISBN978-4-8452-5392-0